商周青銅器

銘文暨圖像集成

第三卷

續編

高明題

吳鎮烽 編著

飲壺 罃 尊 壺 鍾 卣 方彝 觥 罍 瓿 罐 缶 斗

盤 盂 匜 鑑 鎬

鐘 鎛 鐃 鐸

上海古籍出版社

第三卷 目 録

商周青銅器銘文暨圖像集成續編

16．飲壺

（0738–0739）

0738. 亞束父丁杯（亞束父丁方形器）

【時　　代】商代晚期。

【出土時地】2015年1月出現在北京。

【收　藏　者】某收藏家。

【尺度重量】通高10、口邊長8釐米。

【形制紋飾】體呈方形，敞口平底，口
沿外侈，四壁向下漸收，
方形高圈足，外表與腹壁
無分界，方圈足一角有一
個大圓孔。通體裝飾三
周陽綫花紋，中間以橫
綫相隔，上部飾八組三角
紋，中部和下部以角棱爲
中心各飾四組獸面紋。

【著　　録】未著録。

【銘文字數】內底鑄銘文4字。

【銘文釋文】亞束父丁。

【備　　注】這種形體的器物第一次出現，體型小，當屬飲酒的杯類。

0739. 取飲壺（取觶）

【時　　代】西周中期前段。

【出土時地】2012 年 10 月出現在西安，
　　　　　傳説出土於關中西部。

【收 藏 者】某收藏家。

【尺　　度】通高 22 釐米。

【形制紋飾】侈口束頸，矮圈足外撇，頸
　　　　　部有一對鳥首乙字形耳。
　　　　　蓋面隆起，上有圈狀捉手，
　　　　　下有子口。蓋沿、頸部和圈
　　　　　足均飾弧面形寬帶箍，頸
　　　　　部寬帶箍上下各有一條細
　　　　　弦紋，蓋沿的寬帶箍之上
　　　　　有兩道細弦紋，蓋沿和頸
　　　　　部前後增飾浮雕獸頭。

【著　　録】未著録。

【銘文字數】蓋、器同銘，各 7 字。

【銘文釋文】取乍（作）考日甲寶彝。

【備　　注】此爲器銘照片。

17. 罞

（0740-0749）

0740. 商爵（丙爵）

【時　　代】商代晚期。

【出土時地】2012年9月出現在紐約蘇富比拍賣會，2015年3月出現在保利（香港）春季拍賣會。

【收　藏　者】1960年代日本收藏家購藏，後歸正木美術館。

【尺　　度】通高31、寬21.8釐米。

【形制紋飾】喇叭口，長頸折肩，直腹圜底，口沿上有一對傘狀立柱，三條三棱錐足外撇，扁條形龍首半環鋬。頸部和腹部均飾雲雷紋組成的獸面紋。

【著　　録】未著録。

【銘文字數】内壁鑄銘文1字。

【銘文釋文】丙（商）。

0741. 腐册斝

【時　　代】商代晚期。

【出土時地】1954 年入藏。

【收　藏　者】故宫博物院。

【尺度重量】通高 24.3、寬 18.6 釐米,重 1.35 公斤。

【形制紋飾】侈口方唇,長頸扁腹,獸首半環形鋬,口沿上有一對菌狀立柱,三棱錐足。頸部、腹部均飾斜方格乳釘紋。此斝出土後殘缺不全,口部、鋬的獸頭及一足皆爲近代人修配。

【著　　錄】辨僞 444 頁圖 335。

【銘文字數】鋬下鑄銘文 2 字。

【銘文釋文】腐册。

0742. 父乙斝

【時　　代】西周早期。

【出土時地】安徽金寨縣斑竹園。

【收 藏 者】金寨縣文物管理所。

【尺　　度】殘高 15.5、口徑 10.5 釐米。

【形制紋飾】侈口高領，口部殘破經修補，雙柱殘缺，鼓腹分襠，三足下部呈圓柱形，一側有牛首半環形鋬。通體光素。

【著　　錄】江淮 045。

【銘文字數】鋬內腹壁鑄銘文 2 字。

【銘文釋文】父乙。

0743. 爻父己斝

【時　　代】商代晚期。

【出土時地】1927年地方軍閥党玉琨(亦作党毓坤)在陝西寶雞縣戴家灣(今屬寶雞市金臺區陳倉鄉)盜掘M11出土。

【收 藏 者】下落不明。

【尺　　度】通高30.4、口徑21.5釐米。

【形制紋飾】侈口長頸,口沿上有一對菌狀立柱,溜肩分襠,三條柱足,一側有牛首半環形鋬。腹部飾雙折綫紋。

【著　　録】寶戴277頁圖七.3。

【銘文字數】鋬下鑄銘文3字。

【銘文釋文】爻父己。

【備　　注】《寶戴》276頁銘文四.4父己尊拓本,與277頁銘文七.3爻父己斝拓本是同一器物的不同拓本,從兩拓本看明顯是鋬下銘文,故應是斝銘而不是尊銘。

0744. 岕父戊斝

【時　　代】商代晚期。

【出土時地】2009年河南安陽市殷墟王裕
　　　　　　口村南地商代墓地（H2498.2）。

【收 藏 者】中國社會科學院考古研究所。

【尺　　度】通高31、口徑18.6釐米。

【形制紋飾】侈口長頸，口沿上有一對菌狀
　　　　　　立柱，分襠，袋狀腹，三條柱
　　　　　　足，牛首鋬。頸部飾夔龍紋，
　　　　　　肩部飾雲雷紋組成的獸面紋
　　　　　　帶，腹部飾雙折綫紋。

【著　　錄】考古2012年12期33頁圖8.2。

【銘文字數】鋬內鑄銘文3字。

【銘文釋文】岕父戊。

岕

0745. 羊貝車斝

【時　　代】商代晚期。

【出土時地】2015 年 10 月日本美協拍
賣會。

【收　藏　者】日本某收藏家。

【尺　　度】通高 33 釐米。

【形制紋飾】罐形體,侈口束頸,圓腹圓
底,口沿上有一對菌狀立
柱,牛首半環形鋬,三棱空
錐足。頸部飾雲雷紋,柱帽
飾圓渦紋,腹部飾獸面紋
和夔龍紋。

【著　　錄】未著錄。

【銘文字數】鋬下腹壁鑄銘文 3 字。

【銘文釋文】羊貝車。

0746. 侯斝

【時　　代】西周早期。

【出土時地】2013年湖北隨州市曾都區淅河鎮蔣寨村葉家山（M111.111）。

【收　藏　者】湖北省文物考古研究所。

【尺　　度】通高33.5、口徑18釐米。

【形制紋飾】侈口束頸，鼓腹分襠，口沿上有一對立柱，與一足對應的腹部設置牛首半環鋬。除頸部飾兩道弦紋外，通體光素。

【著　　錄】葉家山126頁。

【銘文字數】鋬內鑄銘文3字。

【銘文釋文】厌（侯）用彝。

0747. 冉父丁斝（父丁冉斝）

【時　　代】西周早期。
【出土時地】2013年湖北隨州市曾都區
　　　　　　淅河鎮蔣寨村葉家山西周
　　　　　　墓地（M1.15）。
【收 藏 者】湖北省文物考古研究所。
【尺　　度】通高34.9、口徑19.2釐米。
【形制紋飾】侈口束頸，鼓腹分襠，口沿
　　　　　　上有一對束傘形立柱，與
　　　　　　一足對應的腹部設置牛首
　　　　　　半環鋬。頸部飾兩道弦紋，
　　　　　　腹部飾V形雙折綫紋。
【著　　錄】葉家山158頁。
【銘文字數】鋬內鑄銘文3字。
【銘文釋文】父丁夂（冉）。

0748. 朿父乙斝

【時　　代】商代晚期。

【出土時地】2015 年 3 月陝西扶風縣
　　　　　公安局繳獲。

【收 藏 者】陝西扶風縣公安局。

【尺　　度】通高 21 釐米。

【形制紋飾】分襠鬲式斝,侈口長頸,
　　　　　口沿上有一對菌狀柱,牛
　　　　　首扁環形鋬,鼓腹分襠,
　　　　　足下部呈圓柱形。柱帽
　　　　　飾渦紋,頸部飾雲雷紋組
　　　　　成的獸面紋帶,腹部飾三
　　　　　組下卷角獸面紋,兩側填
　　　　　以夔龍紋。

【著　　録】未著録。

【銘文字數】鋬内鑄陽文 4 字。

【銘文釋文】朿父乙彝。

0749. 亞木父丙斝

【時　　代】西周早期。

【收　藏　者】臺北震榮堂(陳鴻榮、王亞
玲夫婦)。

【尺　　度】通高 26、寬 20 釐米。

【形制紋飾】侈口束頸,鼓腹分襠,口沿
上有一對菌狀柱,蓋面略
鼓,中部有一個半環鈕,兩
側有缺口以納立柱,與一
足對應的腹部設置牛首
鋬。柱帽飾渦紋,頸部飾三
角雷紋和目雷紋,腹部飾 V
形雙折綫紋。

【著　　錄】金銅器 190 頁斝 08。

【銘文字數】鋬內鑄銘文 4 字。

【銘文釋文】亞木父丙。

【備　　注】《金銅器》誤釋爲“亞木父丁”。

18．尊

（0750-0792）

0750. 鳥尊

【時　　　代】西周早期。

【出土時地】1998-2001 年山東滕州市
官橋鎮前掌大村商周墓地
（Ⅲ M308.3）。

【收　藏　者】滕州市博物館。

【尺　　　度】通高 27.4、口徑 21.4、底徑
14.4 釐米。

【形制紋飾】大口筒狀三段式，喇叭口，
長頸鼓腹，高圈足，腹部有
四條扉棱。頸下部和圈足
上部各飾兩道弦紋，腹部
飾豎冠回首大鳥紋，兩兩
相對，以雲雷紋襯底。

【著　　　録】海岱考古第三輯 338 頁圖
95.17。

【銘文字數】內底鑄銘文 1 字。

【銘文釋文】鳥。

0751. 父癸尊

【時　　　代】商代晚期。

【收　藏　者】臺北震榮堂（陳鴻榮、王亞玲夫婦）。

【尺　　　度】通高 25、口徑 19.5 釐米。

【形制紋飾】三段式。喇叭口，長頸鼓腹，高圈足沿外撇。頸下部和圈足上部各有兩
周弦紋，腹部飾兩周花冠回首夔龍紋。

【著　　　錄】金銅器 196 頁尊 05。

【銘文字數】內底鑄銘文 2 字。

【銘文釋文】父癸。

0752. 匕弓尊

【時　　代】西周早期。

【收 藏 者】某收藏者。

【形制紋飾】大口筒狀三段式,喇叭口,長頸鼓腹,高圈足,沿下折形成一道邊圈。頸
　　　　　　下部和圈足上部各有兩道弦紋,腹部飾連珠紋鑲邊的獸面紋。

【著　　錄】未著錄。

【銘文字數】內底鑄銘文 2 字。

【銘文釋文】匕弓。

0753. 串祖辛尊

【時　　代】商代晚期。

【收　藏　者】某收藏家。

【形制紋飾】大口筒狀三段式。喇叭口,長頸鼓腹,高圈足。頸下部和圈足上部各有
兩道弦紋,腹部飾連珠紋鑲邊的獸面紋。

【著　　錄】未著錄。

【銘文字數】外底鑄銘文3字。

【銘文釋文】串且(祖)辛。

0754. 冀父乙尊

【時　　代】商代晚期。

【收 藏 者】臺北震榮堂(陳鴻榮、王亞玲夫婦)。

【尺　　度】通高28、口徑21.5釐米。

【形制紋飾】三段式。侈口長頸，鼓腹，高圈足沿下折，形成一道邊圈。頸下部和圈足上部各有兩周弦紋，腹部飾連珠紋鑲邊的下卷角獸面紋，圈足飾連珠紋鑲邊的上卷角獸面紋。

【著　　錄】金銅器195頁尊04。

【銘文字數】圈足內壁鑄銘文3字。

【銘文釋文】🜚(冀)父乙。

0755. 𪥐父丁尊

【時　　代】商代晚期。

【收 藏 者】某收藏家。

【尺　　度】通高 30、口徑 23 釐米。

【形制紋飾】大口筒狀三段式,形體細高,喇叭口,長頸鼓腹,高圈足下有一道邊圈,通體有四道扉棱。頸部飾蕉葉紋,葉內填以倒置獸面,腹部飾下卷角獸面紋,圈足飾上卷角獸面紋,均以雲雷紋襯底。

【著　　錄】未著錄。

【銘文字數】圈足內鑄銘文 3 字。

【銘文釋文】𪥐(齒)父丁。

0756. 戈父戊尊

【時　　代】西周早期。

【出土時地】2014 年 12 月見於西安。

【收 藏 者】某收藏家。

【尺　　度】通高 27.3、口徑 21、腹深
　　　　　　22.1 釐米。

【形制紋飾】大口筒狀三段式。喇叭口，
　　　　　　長頸鼓腹，高圈足，足沿下
　　　　　　折形成一道窄邊圈。頸下
　　　　　　部和圈足上部各有兩道弦
　　　　　　紋，腹部飾兩組下卷角獸
　　　　　　面紋，圈足飾兩組上卷角
　　　　　　獸面紋，均以雲雷紋襯底。

【著　　錄】未著錄。

【銘文字數】圈足內壁鑄銘文 3 字。

【銘文釋文】戈父戊。

0757. 戈父癸尊（原稱戈父癸觚）

【時　　代】西周早期。

【收 藏 者】臺北震榮堂（陳鴻榮、王亞玲夫婦）。

【尺　　度】通高 26、口徑 22 釐米。

【形制紋飾】侈口束腰，平底圈足，圈足與尊腹無分界，腰部有一個獸首鋬，下有卷尾
　　　　　 形垂珥。圈足飾目雷紋。

【著　　錄】金銅器 176 頁觚 14。

【銘文字數】圈足內壁鑄銘文 3 字。

【銘文釋文】戈父癸。

【備　　注】形體像杯、觚，但高度和口徑都很大，應爲尊類。

0758. 臤父丙尊（父丙臤尊）

【時　　代】西周早期。

【收 藏 者】某收藏家。

【尺　　度】通高 26、口徑 22 釐米。

【形制紋飾】大口筒狀三段式，喇叭口，長頸鼓腹，圜底，高圈足外撇。腹部飾曲折角獸面紋，圈足飾夔龍紋，均以雲雷紋襯底。

【著　　錄】未著錄。

【銘文字數】圈足內鑄銘文 3 字。

【銘文釋文】父丙，臤。

0759. 桓父己尊

【時　　代】西周早期前段。

【收 藏 者】原藏某收藏家,現藏中國國家博物館。

【尺　　度】通高 27.2、口徑 20.6 釐米。

【形制紋飾】大口筒狀三段式。喇叭口,長頸鼓腹,高圈足外侈。頸部和圈足各飾兩
　　　　　　道弦紋,腹部飾兩組下彎角大獸面,兩側增飾站立的鳳鳥,沒有底紋。

【著　　錄】百年 66 頁 28。

【銘文字數】內底鑄銘文 3 字。

【銘文釋文】桓父己。

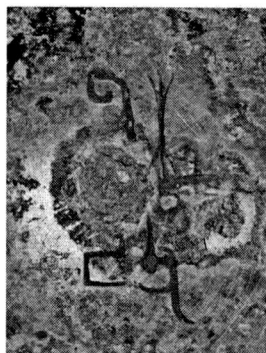

銘文拓本　　　　　　　　銘文照片

0760. 戈父己尊

【時　　代】西周早期。

【出土時地】2015 年 12 月出現在西泠印社秋季拍賣會。

【收 藏 者】原藏美國某收藏家。

【尺　　度】通高 25.8 釐米。

【形制紋飾】侈口長頸,高圈足,腹壁較直,腹部比頸部略粗。頸下部和圈足上部各有
　　　　　兩道弦紋,腹部飾下卷角獸面紋,以雲雷紋襯底。

【著　　錄】未著錄。

【銘文字數】内底鑄銘文 3 字。

【銘文釋文】戈父己。

0761. 獸父癸尊

【時　　代】西周早期。

【出土時地】2015 年 9 月日本東京中央拍
賣會。

【收 藏 者】原藏日本平安藏六觀邃古齋,
現藏某收藏家。

【尺　　度】通高 22 釐米。

【形制紋飾】侈口束頸,鼓腹圈足,足沿外
侈,腹徑大於口徑。頸部飾一
道弦紋,腹部飾牛角獸面紋,
牛角翹出器表,圈足飾夔鳥
紋,中間增飾浮雕小獸頭,通
體不施底紋。

【著　　錄】未著錄。

【銘文字數】圈足內鑄銘文 3 字。

【銘文釋文】獸父癸。

0762. 作寶彝尊

【時　　代】西周早期。

【收　藏　者】某收藏家。

【形制紋飾】喇叭口,長頸鼓腹,高圈足沿外撇。頸下部和圈足上部各有兩道弦紋,腹部飾下卷角獸面紋,不施底紋。

【著　　錄】未著錄。

【銘文字數】內底鑄銘文 3 字。

【銘文釋文】乍(作)寶彝。

0763. 作寶彝尊

【時　　代】西周中期前段。

【出土時地】2010 年山西翼城縣隆化鎮大河口西周墓地。

【收 藏 者】山西省考古研究所。

【尺　　度】通 高 21.5、口 徑 22.3釐米。

【形制紋飾】廣口束頸,下腹向外傾垂,矮圈足沿外侈。頸部飾一周卷尾長鳥紋,以雲雷紋襯底,前後增飾浮雕獸頭,圈足飾兩道弦紋。

【著　　錄】正經 100 頁。

【銘文字數】內底鑄銘文 3 字。

【銘文釋文】乍(作)寶彝。

0764. 亞敄父丁尊

【時　　代】商代晚期。

【出土時地】2009年河南安陽市殷墟王裕
　　　　　　口村南地商代墓地（H2498.1）。

【收　藏　者】中國社會科學院考古研究所。

【尺　　度】通高30.7、口徑26.1、足徑
　　　　　　16.4釐米。

【形制紋飾】大口筒狀三段式。敞口長頸，
　　　　　　沿外翻，腹微鼓，高圈足沿下
　　　　　　折，通體有四道扉棱。頸部飾
　　　　　　獸面紋帶，其上有蕉葉紋，蕉
　　　　　　葉內填以倒置的獸面，腹部和
　　　　　　圈足亦飾獸面紋。

【著　　錄】考古2012年12期33頁圖8.5。

【銘文字數】圈足內壁鑄銘文4字。

【銘文釋文】亞敄（養）父丁。

0765. 亞斜父乙尊（亞俞父乙尊）

【時　　代】西周早期。

【出土時地】2011 年 6 月湖北隨州市淅河鎮蔣
　　　　　　寨村葉家山西周墓地（M55.4）。

【收 藏 者】湖北省文物考古研究所。

【尺度重量】通高 28.5、口徑 21.5、腹深 24
　　　　　　釐米，重 3.065 公斤。

【形制紋飾】大口筒狀三段式，喇叭口，長
　　　　　　頸，腹微鼓，圜底，高圈足沿外
　　　　　　侈。腹部飾雲雷紋組成的下卷
　　　　　　角獸面紋。

【著　　錄】考古 2012 年 7 期 42 頁圖 18.3，
　　　　　　葉家山 238 頁。

【銘文字數】內底鑄銘文 4 字。

【銘文釋文】亞斜（俞）父乙。

0766. 南單父己尊

【時　　代】西周早期。

【收　藏　者】臺北震榮堂(陳鴻榮、王亞玲夫婦)。

【尺　　度】通高 24、口徑 19 釐米。

【形制紋飾】敞口,頸部粗而長,腹部扁圓,高圈足沿外撇。頸部飾兩周雲雷紋襯底的
小鳥紋和兩周直棱紋,相互間隔,圈足飾四道弦紋,兩兩成組。

【著　　録】金銅器 199 頁尊 08。

【銘文字數】內底鑄銘文 4 字。

【銘文釋文】南單父己。

0767. 仲尊

【時　　代】西周早期。

【出土時地】2015年9月日本東京中央
　　　　　拍賣會。

【收　藏　者】原藏日本平安藏六觀邃古
　　　　　齋,現藏某收藏家。

【尺　　度】通高19.5釐米。

【形制紋飾】大口筒狀三段式,喇叭口,
　　　　　鼓腹,高圈足,沿外侈。頸
　　　　　下部及圈足上部各有兩道
　　　　　弦紋,腹部飾兩周分尾長
　　　　　鳥紋,以雲雷紋襯底,上周
　　　　　相對的鳥紋中間增飾浮雕
　　　　　獸頭。

【著　　錄】未著錄。

【銘文字數】內底鑄銘文4字。

【銘文釋文】中(中)乍(作)彝,冉。

0768. 作寶尊彝尊

【時　　代】西周中期前段。

【出土時地】2010年山西翼城縣隆
化鎮大河口西周墓地。

【收　藏　者】山西省考古研究所。

【尺　　度】通高25.4、口徑26.1
釐米。

【形制紋飾】廣口束頸,下腹向外傾
垂,矮圈足外侈,沿下折
形成一道邊圈,通體有
四道扉棱。頸部飾一對
尾上卷的鳥組成的仰葉
紋,腹部飾相對的大鳥,
兩隻鳥的頭部相合於扉
棱,勾喙碩大,圈足飾分
尾鳥紋,鳥爪伸到圈足,
均以雲雷紋襯底。

【著　　録】正經102頁。

【銘文字數】內底鑄銘文4字。

【銘文釋文】乍(作)寶陗(尊)彝。

尊

0769. 亞異父癸尊

【時　　代】商代晚期。

【出土時地】2009 年河南安陽市殷墟王裕口村南地商代墓地（H2498.3）。

【收 藏 者】中國社會科學院考古研究所。

【尺　　度】通高 24.1、口徑 19.8、足徑 13.8 釐米。

【形制紋飾】大口筒狀三段式。喇叭口,長頸鼓腹,高圈足沿外撇。腹部飾兩組小鳥紋,
　　　　　　中間爲直棱紋。

【著　　錄】考古 2012 年 12 期 33 頁圖 8.1。

【銘文字數】圈足内壁鑄銘文 5 字。

【銘文釋文】亞昗（異）父癸,矣（疑）。

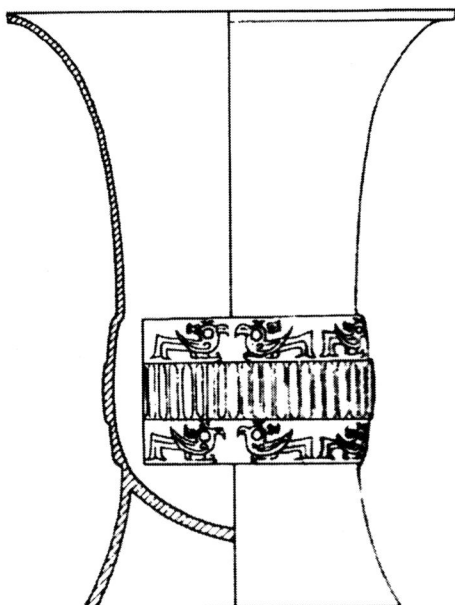

0770. 亞弁叙父丁尊

【時　　代】商代晚期。

【出土時地】2012 年 6 月陝西寶雞市渭濱區石鼓鎮石嘴頭村石鼓山西周墓（M1.1）。

【收 藏 者】寶雞市渭濱區博物館。

【尺度重量】通高 25.8、口徑 20.2、足徑 14.2 釐米，重 2.7 公斤。

【形制紋飾】喇叭口，頸甚長，腹壁微鼓，圈足較矮，沿外撇，腹部一側設有獸頭半環形把手。頸下部和圈足上部各有兩道弦紋，腹部飾獸面紋，上下各有一圈列旗紋。

【著　　錄】考古與文物 2013 年 1 期 21 頁圖 38.13，文物 2013 年 2 期 38 頁圖 49.1。

【銘文字數】圈足內壁鑄銘文 5 字。

【銘文釋文】亞异（弁）叙父丁。

0771. 雧尊

【時　　代】西周早期。

【出土時地】2015 年 11 月出現在英
國倫敦佳士得秋季拍
賣會。

【收　藏　者】原藏美國加州貝弗利希
爾斯 Felix Guggenheim,
1976 年又歸紐約古董
商 Rare Art, lnc, 1981
年又歸歐洲某收藏家,
現藏某收藏家。

【尺　　度】通高 23.5 釐米。

【形制紋飾】喇叭口,粗長頸,鼓腹,
高圈足沿下折,形成一
道邊圈。頸下部和圈足
上部各有兩道弦紋,腹
部飾下卷角獸面紋,以
雲雷紋襯底,外底飾陽綫蟬紋。

【著　　錄】未著錄。

【銘文字數】內底鑄銘文 5 字。

【銘文釋文】雧乍(作)寶隩(尊)彝。

0772. 應侯尊

【時　　代】西周中期。

【收 藏 者】某收藏家。

【形制紋飾】三段式。喇叭口，鼓腹圈足，足沿外侈。頸部飾體呈S形的回首夔龍紋，均以雲雷紋襯底，前後增飾浮雕獸頭，腹部飾瓦溝紋，圈足飾兩組對角夔龍紋。

【著　　錄】未著錄。

【銘文字數】內底鑄銘文5字。

【銘文釋文】雁（應）厌（侯）乍（作）寶彝。

0773. 史尊

【時　　代】西周早期。

【出土時地】1998-2001年山東滕州市官橋鎮前掌大村商周墓地（II M213.1）。

【收 藏 者】滕州市博物館。

【尺　　度】通高26、口徑20.5、底徑14.5釐米。

【形制紋飾】大口筒狀三段式,喇叭口,長頸,高圈足沿下折。頸下部和圈足上部各飾兩道弦紋,腹部飾兩組下卷角獸面紋。

【著　　録】海岱考古第三輯294頁圖56.1。

【銘文字數】内底鑄銘文6字。

【銘文釋文】乍(作)父己隩(尊)彝,史。

0774. 亞束尊

【時　　代】西周早期。

【出土時地】2015 年 4 月出現在北京。

【收 藏 者】某收藏家。

【形制紋飾】喇叭口，長頸鼓腹，高圈足沿
　　　　　　外侈。頸下部和圈足上部各
　　　　　　有兩道弦紋，腹部飾兩條小鳥
　　　　　　紋帶，中間爲直棱紋。

【著　　録】未著録。

【銘文字數】圈足内壁鑄銘文 6 字。

【銘文釋文】亞束乍（作）寶隩（尊）彝。

0775. 趞止尊（遣止尊）

【時　　代】西周早期。

【出土時地】2014年9月日本東京中央
　　　　　　秋季拍賣會。

【收　藏　者】原藏日本某收藏家。

【尺　　度】通高27.5釐米。

【形制紋飾】大口筒狀三段式。侈口長
　　　　　　頸，鼓腹，高圈足沿外撇，
　　　　　　圜底。頸下部和圈足上部
　　　　　　各有兩道弦紋，腹部飾兩
　　　　　　道垂冠回首夔龍紋，上部
　　　　　　夔龍紋之間增飾小獸面。

【著　　錄】未著錄。

【銘文字數】內底鑄銘文6字。

【銘文釋文】趞（遣）止乍（作）寶隣
　　　　　　（尊）彝。

0776. 亞其夨尊（亞其疑尊）

【時　　代】西周早期前段。

【出土時地】1948 年希臘駐華大使阿基洛珀斯（H. E. Alexandre　J. Argyropoulos）購
　　　　　於上海金才記。

【收　藏　者】原藏潘祖蔭，1948 年歸希臘阿基洛珀斯，現藏奧地利朱利思·艾伯哈特。

【尺　　度】通高 25.5 釐米。

【形制紋飾】大口筒狀三段式，長頸，腹壁微鼓，圈足沿外侈。通體有四道扉棱，頸部
　　　　　飾蕉葉紋，葉內填以倒置的獸面，其下加飾一道夔鳥紋帶，腹部飾兩道垂
　　　　　尾小鳥紋帶和一道直棱紋，圈足飾兩組曲折角獸面紋，均以雲雷紋襯底。

【著　　錄】三代 11.29.1，殷存上 29，小校 5.21，鬱華閣 190.4，山東成 494 上。

【銘文字數】內底鑄銘文 7 字。

【銘文釋文】亞甘（其）夨（疑）乍（作）母辛彝。

【備　　注】《集成》未收錄。

0777. 叔疑尊（叔逸尊）

【時　　代】西周早期。

【出土時地】2011 年 6 月湖北隨州市淅河鎮蔣寨村葉家山西周墓地（M15.5）。

【收 藏 者】湖北省文物考古研究所。

【尺度重量】通高 21.2-22、口徑 20.5、腹深 16.5 釐米，重 2.43 公斤。

【形制紋飾】侈口長頸，腹扁圓，圜底，高圈足沿外侈。通體光素。

【著　　錄】考古 2012 年 7 期 42 頁圖 18.6，葉家山 248 頁。

【銘文字數】內底鑄銘文 7 字。

【銘文釋文】弔（叔）逸（疑）啟（肇）乍（作）寶隣（尊）彝。

0778. 者仲觑尊

【時　　代】西周早期後段。

【收 藏 者】某收藏家。

【形制紋飾】喇叭口,長頸鼓腹,高圈足,下有一道邊圈。頸下部飾兩道弦紋,腹上部
和下部各飾一道垂冠回首夔龍紋,上腹前後增飾浮雕獸頭,圈足飾一道
弦紋。

【著　　錄】未著錄。

【銘文字數】內底鑄銘文 7 字。

【銘文釋文】者中(仲)觑乍(作)寶旅彝。

0779. 夒尊

【時　　代】商代晚期。

【出土時地】2012 年 6 月陝西寶雞市渭濱
區石鼓鎮石嘴頭村石鼓山西
周墓（M3.14）。

【收 藏 者】寶雞市渭濱區博物館。

【尺度重量】通高 27.3、口徑 20.5、足徑 11
釐米，重 2.75 公斤。

【形制紋飾】大口筒狀三段式，喇叭口，長
頸鼓腹，高圈足沿下折，形成
一道邊圈，腹部和圈足各有四
道扉棱。頸下部有兩道弦紋，
腹部飾上卷角夔龍組成的獸
面紋，圈足飾四組象鼻夔龍
紋，每組之上又增飾小夔龍，
均以雲雷紋襯底。

【著　　錄】考古與文物 2013 年 1 期 21 頁圖 38.4，文物 2013 年 2 期 49 頁圖 69.3。

【銘文字數】圈足內壁鑄銘文 8 字。

【銘文釋文】夒易（錫）商（賞），用乍（作）父癸彝。

0780. 士尊

【時　　代】西周早期前段。
【收藏者】某收藏家。
【尺　　度】通高24、口徑19.1釐米。
【形制紋飾】大口筒狀三段式。喇叭口，
　　　　　　頸部略顯粗壯，鼓腹，圈足沿
　　　　　　外侈。腹部飾兩組長冠勾喙
　　　　　　大鳳鳥，兩兩相對，以雲雷紋
　　　　　　襯底。
【著　　錄】未著錄。
【銘文字數】圈足內壁鑄銘文8字。
【銘文釋文】棘冊竹士乍（作）父癸彝。

0781. 曾侯諫尊

【時　　代】西周早期。

【出土時地】2013 年湖北隨州市曾都區淅河鎮蔣寨村葉家山（M28.174）。

【收 藏 者】湖北省文物考古研究所。

【尺度重量】通高 30.2、口徑 23.8、腹深24.2 釐米，重 4.49 公斤。

【形制紋飾】喇叭口，鼓腹，高圈足，沿下折形成一道邊圈。頸下部和圈足上部各飾兩道弦紋，腹部飾兩列垂冠回首的夔龍紋，以雲雷紋襯底，上列夔龍紋帶前後增飾浮雕獸頭。

【著　　錄】葉家山 82 頁，江汉考古2013 年 4 期 23 页拓片 10。

【銘文字數】內底鑄銘文 8 字。

【銘文釋文】甶（曾）厌（侯）諫乍（作）媿寶隣（尊）彝。

0782. 賈爵尊

【時　　代】西周早期。

【收 藏 者】某收藏家。

【形制紋飾】大口筒狀三段式,喇叭口,長頸
鼓腹,高圈足沿外撇。頸下部和
圈足上部各有兩道弦紋,腹部飾
上卷角獸面紋,以雲雷紋襯底。

【著　　錄】未著錄。

【銘文字數】內底鑄銘文8字。

【銘文釋文】賈爵乍(作)父丁寶䵼(尊)彝。

0783. 畯尊（䀉尊）

【時　　代】西周中期前段。

【收 藏 者】海外某收藏家。

【尺　　度】通高 16.2、口徑 17 釐米。

【形制紋飾】喇叭口，頸部粗且長，下腹向外傾垂，矮圈足沿外撇。頸部飾變形龍紋，前後增飾浮雕獸頭。

【著　　錄】未著錄。

【銘文字數】內底鑄銘文 8 字。

【銘文釋文】䀉（畯）乍（作）变（文）考日庚旅彝。

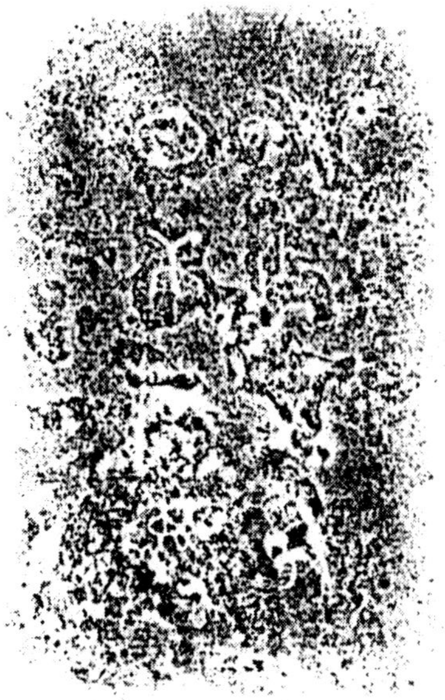

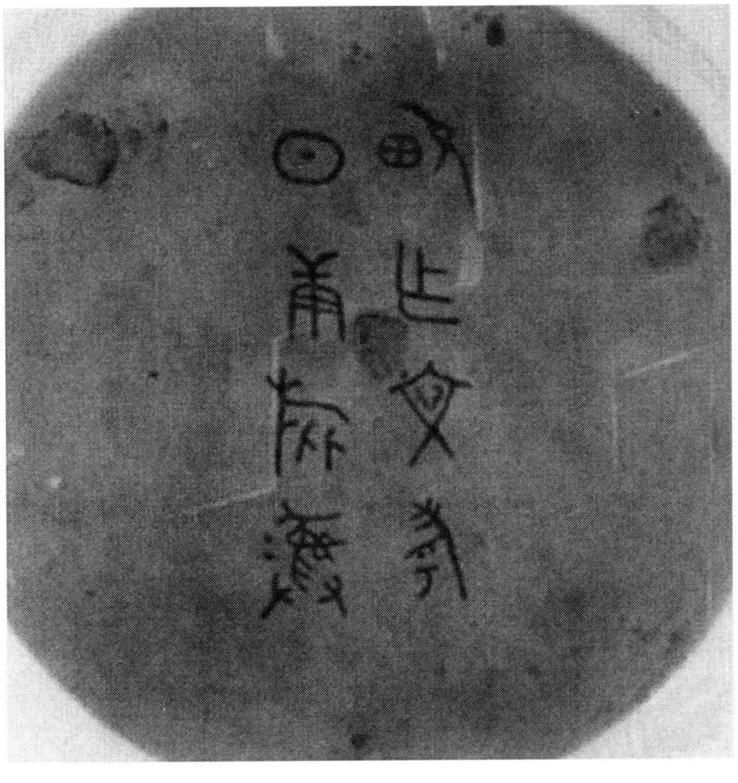

0784. 亞曩吳尊（亞曩疑尊）

【時　　代】西周早期。

【出土時地】1948年希臘駐華大使阿基洛
珀斯購於上海金才記。

【收　藏　者】原藏潘祖蔭、陳介祺，後歸
阿基洛珀斯（H. E. Alexandre
J. Argyropoulos），現藏不明。

【尺　　度】通高25.6釐米。

【形制紋飾】大口筒狀三段式。喇叭口，
長頸，腹部微鼓，高圈足外
撇，通體有四道扉棱。頸部
飾兩組相對的夔龍紋，其上
爲蕉葉紋，蕉葉內填以倒置
的獸面紋，均以雲雷紋襯底，
腹部飾兩道雲雷紋襯底的小
鳥紋，中間飾直棱紋，圈足飾
兩組曲折角獸面紋。

【著　　錄】集成03689.1，鬱華閣190.2，三代11.29.1（誤爲尊），殷存上24.4（蓋），
小校5.21.8（蓋），總集4808上，國史金164.2（蓋），山東成494上。

【銘文字數】內底鑄銘文7字。

【銘文釋文】亞旲（曩）吳（疑）乍（作）母辛彝。

【備　　注】《三代》、《殷存》、《小校》、《山東存》等均將此拓本與亞曩吳旅簋（集成
03689.2）相配，稱爲曩吳旅尊的器銘。《集成》則將兩拓本相配稱爲簋，
且將收藏者誤爲上海博物館。《鬱華閣》將兩拓本分列爲母辛尊和母辛
敦（即簋，清代人稱簋爲敦），近見《蘇士比（New York）》2013.09.17，
lot 5得知《鬱華閣》所列正確。即集成03689.1爲尊，而集成03689.2
爲簋。故今將兩拓本分爲亞曩吳尊和亞曩吳旅簋（見《銘圖》04573）。

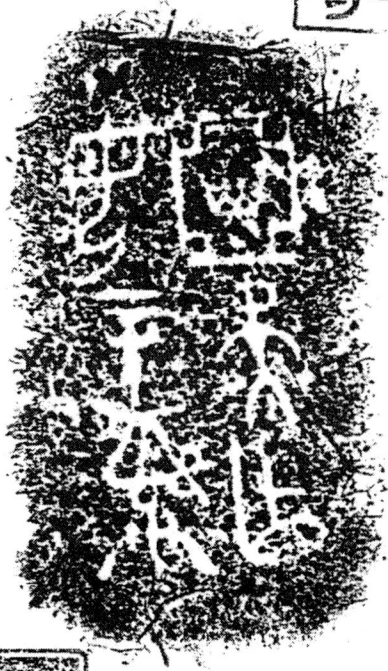

《鬱華閣》拓本

《集成》拓本

0785. 婦傳尊（婦專尊）

【時　　代】西周早期。

【出土時地】2013年9月出現在西安。

【收 藏 者】某收藏家。

【尺　　度】通高26、口徑20.3、腹深20.5
　　　　　　釐米。

【形制紋飾】三段式。喇叭口，鼓腹圈足，足
　　　　　　沿外侈後下折。頸部和圈足各
　　　　　　飾兩道弦紋，腹部飾垂冠回首
　　　　　　夔龍紋，無底紋。

【著　　錄】未著錄。

【銘文字數】內底鑄銘文9字。

【銘文釋文】婦專（傳）乍（作）庠（辟）日己
　　　　　　箵（鬱）隓（尊）彝。

0786. 祼丼琪尊（祼丼琪尊）

【時　　代】西周早期。

【收 藏 者】北京某收藏家。

【尺　　度】通高 25.3、口徑 20.5、足徑 14 釐米。

【形制紋飾】大口筒狀三段式。喇叭口，鼓腹，高圈足，沿外撇。頸的下部和圈足上部
　　　　　　各有兩道弦紋，腹部飾下卷角獸面紋，以雲雷紋襯底。

【著　　錄】未著錄。

【銘文字數】圈足内壁鑄銘文 9 字（其中合文 1）。

【銘文釋文】𤔲（祼）丼（井）琪乍（作）父己障（尊）彝，友冉。

【備　　注】第一字爲“𤔲（祼）丼”2 字的合文。

0787. 戈尊

【時　　代】西周早期前段。

【出土時地】2012年9月見於西安。

【收 藏 者】某收藏家。

【尺　　度】通高27.8、口徑24.5、腹深22釐米。

【形制紋飾】天圓地方式,口部呈正圓形,腹部作橢方形,圈足呈正方形。敞口方唇,長頸鼓腹,圜底,高圈足沿下折,通體有四道扉棱。腹部飾上卷角獸面紋,卷角各出一夔龍,頸部飾象鼻夔龍紋,其上爲蕉葉紋,圈足亦飾象鼻夔龍紋,均以雲雷紋襯底。

【著　　錄】未著錄。

【銘文字數】內底鑄銘文9字。

【銘文釋文】乍(作)文公父辛寶障(尊)彝,戈。

尊

0788. 雨尊

【時　　代】西周早期後段。
【收 藏 者】某收藏家。
【形制紋飾】喇叭口，鼓腹，矮圈足沿外撇。頸部飾三道弦紋，腹部飾三列雲雷紋組成的獸面紋，圈足飾目雲紋。
【著　　録】未著録。
【銘文字數】内底鑄銘文 9 字。
【銘文釋文】雨乍(作)文父辛寶隮(尊)彝，冈。

0789. 龏逨尊

【時　　代】西周中期前段。

【收 藏 者】某收藏家。

【尺　　度】通高 17 釐米。

【形制紋飾】喇叭口,長頸,腹部向下傾
　　　　　　垂,矮圈足沿外侈。頸部飾
　　　　　　分尾長鳥紋,前後增飾浮
　　　　　　雕獸頭,其上爲仰葉紋,葉
　　　　　　內填一對倒置的鳥紋,腹
　　　　　　部飾兩對垂冠回首的大鳳
　　　　　　鳥,均以雲雷紋襯底。

【著　　錄】未著錄。

【銘文字數】內底鑄銘文 10 字。

【銘文釋文】龏逨乍(作)妊庚隣(尊)彝,
　　　　　　㠯(厥)酏史。

0790. 遹尊

【時　　代】商代晚期。

【收 藏 者】原藏美國某氏,現藏香港某收藏家。

【尺　　度】通高 26.3、口徑 19.3 釐米。

【形制紋飾】形制雖爲三段式,但頸部甚長,圈足較矮,沿外撇。腹部與圈足的界限比較明顯,腹部比頸下部略微粗一些,但不外鼓。頸部飾獸面蕉葉紋,紋飾起伏不大。腹部和圈足的紋飾構圖卻異乎尋常,其佈局不是三個單元而是兩個單元,形成了前後對稱和左右對稱。腹部前後各飾兩組獸面紋,每組獸面紋由兩個鼓睛咧嘴獠牙外露的獸面組成,上下重疊。上部的獸面體短角長,角呈乙字形曲折,與常見的蛇紋相似;下部的獸面寬綽,獸角上翹。上部兩組獸面紋之間增飾一個下卷角雙腿前抱的小獸;下部兩組獸面之間增飾一對勾喙立鳥,鳥爪相互套合。圈足飾兩組對稱的夔龍紋,均以纖細的雲雷紋襯底。

【著　　錄】未著錄。

【銘文字數】內底鑄銘文 36 字。

【銘文釋文】辛未,婦嬭(尊)匽(宜)才(在)离大(太)室,王鄉(饗)酉(酒),奏庸新匽(宜)欮(坎),才(在)六月,鮋十冬(終)三朕(朕)。遹耑(前),王賞(賞),用乍(作)父乙彝。大万(萬)。

正面　　　　　　　　　　　　　側面

尊

0791. 懋尊

【時　　代】西周中期前段。

【出土時地】傳出山西襄汾一帶。

【收 藏 者】某收藏家。

【尺　　度】通高 22、口徑 21、腹深 17.5 釐米。

【形制紋飾】大口筒狀三段式，喇叭口，長頸鼓腹，高圈足，通體有四道扉棱。頸部以扉棱爲中心裝飾八組蕉葉紋和四組兩兩相對的垂尾小鳥紋，腹部飾兩兩相對的兩列長尾鳥紋，中部飾直棱紋，圈足飾兩組卷尾長鳥紋，除直棱紋外，均以雲雷紋襯底。

【著　　錄】未著錄。

【銘文字數】內底鑄銘文 36 字。

【銘文釋文】佳（唯）六月既朢（望）丁子（巳），穆王才（在）奠（鄭），蔑懋曆（曆），易（錫）犬（緄）帶。懋捧（拜）頔（稽）首，叡（敢）對剔（揚）天子休，用乍（作）文考日丁寶隣（尊）彝。

【備　　注】同出的懋卣，銘文完全相同。

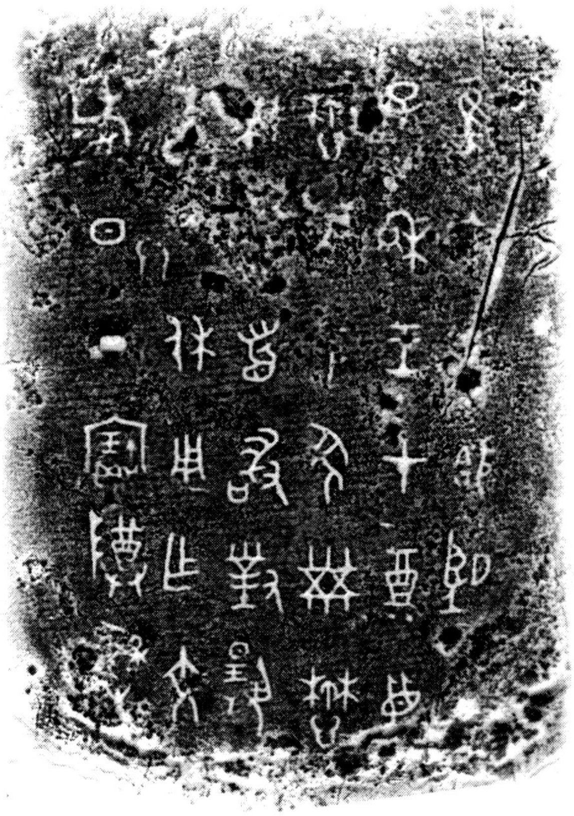

0792. 遟尊(疑尊)

【時　　代】西周早期。

【收 藏 者】法國東波齋。

【尺　　度】通高 24.2、口徑 18 釐米。

【形制紋飾】大口筒狀三段式。喇叭口,頸部較粗,扁鼓腹,圈足沿外撇。頸上部飾蕉葉紋,下部及圈足飾粗綫回首花冠夔龍紋,腹部飾兩組粗綫獸面紋,均以雲雷紋襯底。

【著　　録】東波齋 11。

【銘文字數】内底鑄銘文 45 字。

【銘文釋文】佳(唯)中(仲)羲父于入(納)噩(鄂)厌(侯)于敖戜(城),徣(誕)兄臣于宋白(伯)。公妏(姒)乎(呼)遟(疑)逆中(仲)氏于侃。丁卯,遟(疑)至告。妏(姒)賓(賞)貝,毣(揚)皇君休,用乍(作)父乙寶陣(尊)彝。

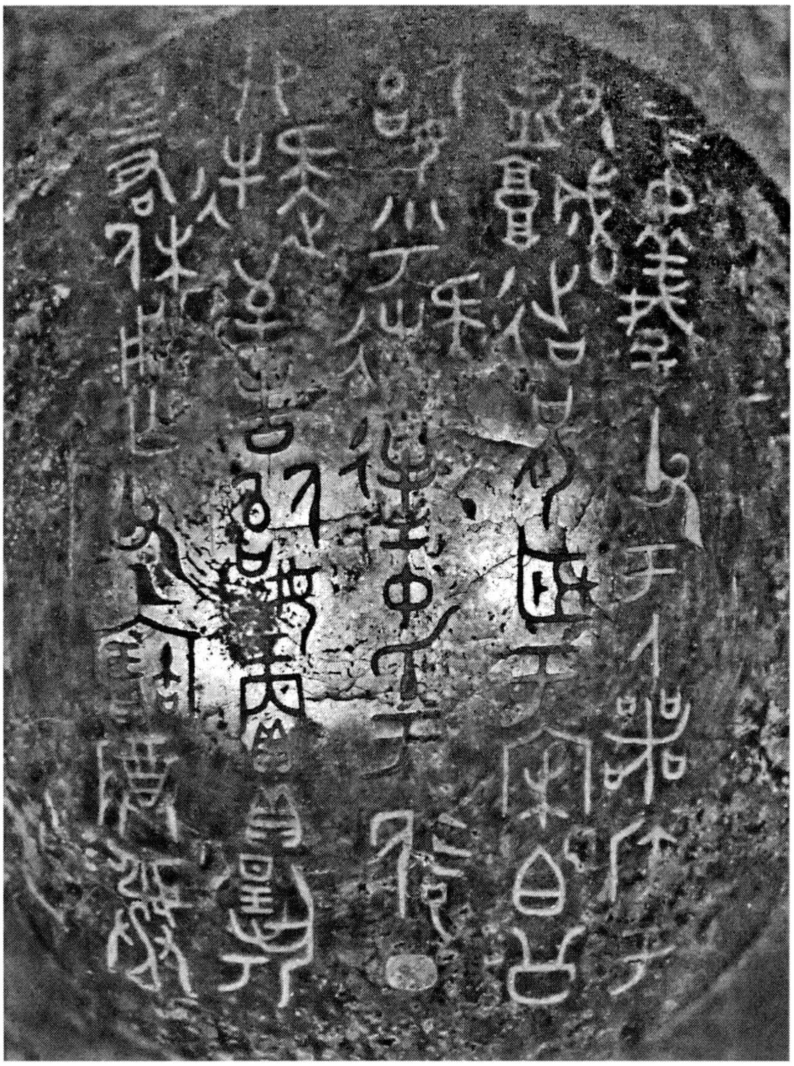

19. 壺、鍾

（0793-0838）

0793. 鳥壺（原稱鳥卣）

【時　　代】商代晚期。

【出土時地】1998-2001 年山東滕州市官橋鎮前掌大村商周墓地（III M308.4）。

【收 藏 者】滕州市博物館。

【尺　　度】通蓋高 34.2、口徑 10.5、底徑 15.6 釐米。

【形制紋飾】直口長頸,鼓腹,矮圈足,頸部有一對環鈕,套接獸頭扁提梁,内插式蓋,蓋面隆起,上有圈狀捉手。提梁飾雲雷紋襯底的夔龍紋,蓋面飾連珠紋鑲邊的獸面紋帶,頸部飾連珠紋鑲邊的目雲紋,圈足飾斜角目雷紋。

【著　　録】海岱考古第三輯 338 頁圖 95.18。

【銘文字數】蓋、器同銘,各 1 字。

【銘文釋文】鳥。

0794. 先壺（原稱先卣）

【時　　代】商代晚期。

【收 藏 者】日本大阪某收藏家。

【尺度重量】通蓋高 27.2、口徑 8.1 釐米，重 2.04 公斤。

【形制紋飾】侈口，細長頸，圓垂腹，矮圈足，提梁成"几"字形，兩端作蛇首形，内插式
　　　　　　蓋，蓋面呈弧形，中部有菌狀鈕，以鏈條與提梁相連。蓋上飾斜角雷紋，
　　　　　　頸部飾雲雷紋組成的獸面，圈足飾雷紋帶。

【著　　録】中原文物 2014 年 2 期 64 頁圖 5、6。

【銘文字數】外底鑄銘文 1 字。

【銘文釋文】先。

0795. 先壺

【時　　代】商代晚期。

【收 藏 者】海外某收藏家。

【尺　　度】通高 36.3 釐米。

【形制紋飾】直口長頸，頸部有一對貫耳，圓鼓腹，矮圈足沿外侈。頸部飾雲雷紋組成的獸面紋帶，其上有三道弦紋。

【著　　録】未著録。

【銘文字數】口內壁鑄銘文 1 字。

【銘文釋文】先。

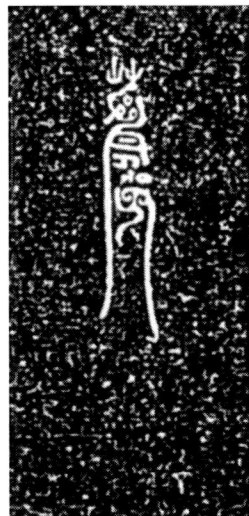

0796. 蒙壺（原稱夏壺）

【時　　代】戰國晚期。

【出土時地】宋代出土。

【著　　録】鐘鼎款式 22，蟲書增圖 345。

【銘文字數】鑄銘文 1 字。

【銘文釋文】蒙。

0797. 亞壺

【時　　代】商代晚期。

【出土時地】傳河南安陽出土。

【收　藏　者】原藏北京尊古齋，後歸戴潤齋，現藏香港御雅居。

【尺　　度】通高 29、兩耳相距 33 釐米。

【形制紋飾】橫截面呈橢圓形，口沿近橢方形。侈口束頸，下腹向外傾垂，一對卷角獸首耳，獸頭大耳圈細，圈足較高。頸部飾三道弦紋。

【著　　録】未著録。

【銘文字數】兩耳鋬各鑄銘文 1 字，銘文相同。

【銘文釋文】亞。

0798. 子⋏壺（原稱子⋏卣）

【時　　代】商代晚期。

【出土時地】1998-2001年山東滕州市官
　　　　　橋鎮前掌大村商周墓地（III
　　　　　M301.11）。

【收 藏 者】滕州市博物館。

【尺　　度】通蓋高33、口徑10.2、底徑
　　　　　14.8釐米。

【形制紋飾】體細長，直口長頸，鼓腹，矮圈
　　　　　足，頸部有一對環鈕，套接扭索
　　　　　狀提梁，內插式蓋，蓋面隆起，
　　　　　上有圈狀捉手。頸部和圈足均
　　　　　飾連珠紋鑲邊的獸面紋帶。

【著　　錄】海岱考古第三輯338頁圖
　　　　　95.10。

【銘文字數】蓋內鑄銘文2字。

【銘文釋文】子⋏。

0799. ⟨圖⟩父甲壺

【時　　代】商代晚期。

【出土時地】2012 年 6 月陝西寶雞市渭濱區石鼓
鎮石嘴頭村石鼓山西周墓（M3.16）。

【收　藏　者】寶雞市渭濱區博物館。

【尺度重量】通高 42.2、口徑 10.4、足徑 14.2 釐
米，重 6.51 公斤。

【形制紋飾】體呈截尖葫蘆形，高子口，外罩式蓋，
頂部有圈狀捉手，沿下折作束腰形，
腹部圓鼓，矮圈足外撇，頸部有一對
小鈕，套接扭索狀提梁。蓋面飾目雲
紋，口沿下飾連珠紋鑲邊的目雲紋，
圈足飾連珠紋鑲邊的雲雷紋。

【著　　錄】考古與文物 2013 年 1 期 21 頁圖
38.9（蓋），文物 2013 年 2 期 49 頁圖
69.6（器）。

【銘文字數】蓋、器同銘，各 3 字。

【銘文釋文】父甲，⟨圖⟩。

蓋

器

0800. 冀父丁壺

【時　　代】商代晚期。

【收 藏 者】香港某收藏家。

【形制紋飾】口微侈，長頸鼓腹，矮圈足微外侈，内插式蓋，蓋面隆起，下有長榫納入口
　　　　　内，頂上有圈狀捉手，頸部有一對半環鈕套接提梁，提梁已失。蓋沿、器
　　　　　頸均飾由雲雷紋組成的獸面紋帶，圈足飾目雲紋。

【著　　録】未著録。

【銘文字數】蓋、器對銘，各 3 字。

【銘文釋文】冀父丁。

蓋

器

0801. 冀父辛壺(原稱冀父辛卣)

【時　　代】西周早期。

【出土時地】2012 年 11 月出現在澳門大唐國際藝術品拍賣會,2014 年 9 月又出現在東京中央秋季拍賣會。

【收　藏　者】原藏日本龍吟堂,現藏某收藏家。

【尺　　度】通高 40、口徑 13 釐米。

【形制紋飾】直口長頸,鼓腹,頸部有一對小鈕,套接扭索狀獸頭提梁,矮圈足,外罩式蓋,沿下折作束腰形,頂部有圈狀捉手。蓋面、頸部和圈足均飾三列雲雷紋組成的列旗脊獸面紋帶,腹部光素。壺內放一隻 23 釐米長的曲柄斗。

【著　　録】大唐(2012)54。

【銘文字數】蓋內、圈足各鑄銘文 3 字,內容相同。

【銘文釋文】冀父辛。

【備　　注】圈足銘“冀”字分書。

蓋 1

蓋 2

圈足 1

圈足 2

0802. 戈父己壺蓋

【時　　代】西周早期。

【收 藏 者】某收藏家。

【形制紋飾】內插式蓋,長榫頭,面隆起,圈狀捉手上有對穿方孔。蓋沿飾雲雷紋襯底的夔鳥紋。

【著　　錄】未著錄。

【銘文字數】蓋內鑄銘文3字。

【銘文釋文】戈父己。

0803. 魚父丁壺

【時　　代】西周早期。

【收 藏 者】某收藏家。

【形制紋飾】直口長頸,體扁圓,溜肩斂腹,肩上有一對小鈕,套接扭索狀提梁,内插式蓋,上有圈狀捉手,矮圈足微外侈。通體光素。

【著　　録】未著録。

【銘文字數】蓋内鑄銘文 3 字。

【銘文釋文】魚父丁。

0804. 燹王壺(鄬王壺)

【時　　代】西周中期。

【出土時地】陝西乾縣。

【收　藏　者】乾縣文化館。

【尺度重量】器高 32.5、口橫 13.5、口縱 10.5、腹橫 24、腹縱 15.5、足橫 19.5、足縱 15 釐米。

【形制紋飾】橫截面呈橢方形,失蓋,直口長頸,薄沿向內平折,頸部有一對圓雕銜環鹿首耳,腹部外鼓,矮圈足外撇,沿下折形成一道邊圈。頸部飾垂冠回首鳥紋,腹部飾絡帶紋,圈足飾環帶紋。

【著　　錄】未著録。

【銘文字數】口內壁鑄銘文 4 字。

【銘文釋文】燹(鄬、鄬) 王乍(作) 旅。

0805. 作寶尊壺蓋

【時　　代】西周中期前段。
【收 藏 者】某收藏家。
【形制紋飾】內插式蓋,橫截面呈橢方形,長榫頭,圈狀捉手碩大。蓋沿飾長鳥紋。
【著　　錄】金石拓 24 頁。
【銘文字數】蓋榫鑄銘文 4 字。
【銘文釋文】乍(作)寶障(尊)壺。

0806. 埼壺(奇壺)

【時　　代】春秋晚期。
【出土時地】2013 年湖北隨州市曾都區文峰塔曾國墓
　　　　　地(M29.2)。
【收 藏 者】湖北省文物考古研究所。
【形制紋飾】橫截面呈方形,直口長頸,鼓腹平底,矮圈
　　　　　足,頸兩側有一對卷尾回首龍形耳。通體
　　　　　光素。
【著　　錄】考古 2014 年 27 頁圖 24.2。
【銘文字數】頸表面鑄銘文 4 字。
【銘文釋文】埼(奇)之障(尊)壺。

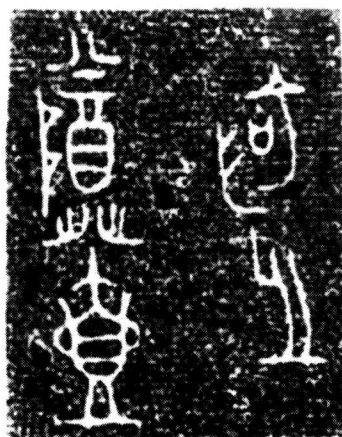

0807. 二斗一升壺

【時　　代】戰國晚期。

【收 藏 者】某收藏家。

【形制紋飾】直口長頸，內插式平蓋，蓋上
　　　　　　有一圓雕小人作爲蓋鈕，頸部
　　　　　　有一對小貫耳，鼓腹矮圈足。
　　　　　　口下飾卷雲紋，頸部飾倒三角
　　　　　　形卷雲紋，腹部上下飾四道卷
　　　　　　雲紋間以團龍紋和雲龍紋，圈
　　　　　　足亦飾卷雲紋。

【著　　錄】未著錄。

【銘文字數】肩部刻銘文 4 字。

【銘文釋文】二斗一升。

0808. 曾侯壺

【時　　代】西周早期。

【出土時地】2013 年湖北隨州市曾都
　　　　　　區淅河鎮蔣寨村葉家山
　　　　　　（M111.117）。

【收　藏　者】湖北省文物考古研究所。

【尺　　度】通高 40.3、口徑 10.9 釐米。

【形制紋飾】體修長，口微侈，長頸鼓
　　　　　　腹，圈足沿外撇，然後下
　　　　　　折，內插式蓋，蓋面隆起，
　　　　　　上有半環鈕，蓋沿有鏈條
　　　　　　與器相連，頸的一側設有
　　　　　　管狀流，另一側的腹部設
　　　　　　有牛首半環形鋬。蓋沿和
　　　　　　器頸均飾三列雲雷紋組成
　　　　　　的獸面紋帶，上下以連珠
　　　　　　紋鑲邊，圈足飾兩道弦紋。

【著　　錄】葉家山 130 頁。

【銘文字數】鋬下鑄銘文 5 字。

【銘文釋文】曾（曾）厌（侯）乍（作）田壺。

0809. 旨壺

【時　　　代】西周早期後段。

【收　藏　者】某收藏家。

【尺　　　度】通高 44、腹徑 16.3 釐米。

【形制紋飾】體修長，口微侈，長頸內束，頸部有一對貫耳，尖棗核形腹，圈足外侈，圈
足與腹沒有明顯的分界，內插式蓋，長榫頭，圈狀捉手碩大。頸部飾三列
雲雷紋組成的獸面紋，中間增飾浮雕獸頭，腹部飾絡帶紋。

【著　　　錄】未著錄。

【銘文字數】口內壁鑄銘文 5 字。

【銘文釋文】旨乍(作)父辛彝。

0810. 痕多壺

【時　　代】春秋晚期。

【出土時地】2013年湖北隨州市曾都區文峰塔曾國墓地（M36.30）。

【收 藏 者】湖北省文物考古研究所。

【形制紋飾】橫截面呈方形，直口長頸，鼓腹平底，矮圈足，頸兩側有一對卷尾回首龍形耳。通體光素。

【著　　錄】考古2014年27頁圖24.4。

【銘文字數】鑄銘文5字。

【銘文釋文】痕多之行壺。

0811. 易壺

【時　　代】西周早期。

【收 藏 者】某收藏家。

【形制紋飾】提梁壺,殘破,未修復,能看
到提梁,頸到口沿部位,鼓
腹圈足。提梁飾雲雷紋,頸
部飾三列雲雷紋組成的列
旗脊獸面紋,上下以連珠紋
鑲邊,圈足飾三角目雷紋。

【著　　錄】未著錄。

【銘文字數】內底鑄銘文 6 字。

【銘文釋文】𠂤,易乍(作)且(祖)丙彝。

0812. 王壺

【時　　代】西周晚期。

【收 藏 者】某收藏家。

【形制紋飾】直口長頸，圓鼓腹，矮圈足沿外
撇，頸部有一對龍首銜環耳，内插
式蓋，上有圈狀捉手。蓋沿和頸
部飾竊曲紋，腹部飾兩周環帶紋，
圈足飾斜角變形夔紋，通體不施
底紋。

【著　　録】未著録。

【銘文字數】蓋内鑄銘文 6 字，器身 5 字。

【銘文釋文】蓋銘：王乍（作）季姜鸞（肆）彝；
器銘：王乍（作）季姜鸞（肆）。

蓋

器

0813. 曾叔㫄壺

【時　　代】春秋晚期。

【出土時地】2013 年湖北隨州市曾都區文峰塔曾國墓地（M35.10）。

【收　藏　者】湖北省文物考古研究所。

【形制紋飾】橫截面呈方形,直口長頸,鼓腹平底,矮圈足,頸兩側有一對卷尾回首龍
形耳。通體光素。

【著　　錄】考古 2014 年 27 頁圖 24.3。

【銘文字數】鑄銘文 6 字。

【銘文釋文】曾弔（叔）㫄之隣（尊）壺。

0814. 曾孫喬壺

【時　　代】春秋晚期。

【出土時地】2013年湖北隨州市曾都區文峰塔曾國墓地（M61.2）。

【收　藏　者】湖北省文物考古研究所。

【形制紋飾】横截面呈方形,直口長頸,鼓腹平底,矮圈足,頸兩側有一對卷尾回首龍
形耳。通體光素。

【著　　録】考古2014年27頁圖24.5。

【銘文字數】鑄銘文6字。

【銘文釋文】曾孫喬之行壺。

0815. 曾侯諫壺

【時　　代】西周早期後段。

【出土時地】2013年湖北隨州市曾都區淅河鎮蔣寨村葉家山（M28.178）。

【收藏者】湖北省文物考古研究所。

【尺　　度】通高46、口徑10.5釐米。

【形制紋飾】體呈尖棗核形，口微侈，長頸鼓腹，圈足沿外撇，內插式蓋，蓋上有圈狀捉手。蓋沿和器頸均飾體呈S形垂冠回首的雙頭夔龍紋，體一面粘有席紋。

【著　　錄】葉家山88頁。

【銘文字數】蓋、器同銘，各7字。

【銘文釋文】曾（曾）厌（侯）諫乍（作）媿𤾙壺。

蓋　　　　　　　　　　　　器

0816. 郿子䢅壺(蔫子䢅壺)

【時　　代】戰國中期。

【出土時地】2009年5月湖北襄陽市穀城縣尖角墓地(尖採6)。

【收　藏　者】穀城縣博物館。

【尺　　度】通高38.2、口徑10.3、腹徑23、足徑12釐米。

【形制紋飾】口微侈,長頸圓腹,圈足,蓋面鼓起,上有三個鳥形環鈕,下有子口,肩部有一對鋪首銜環耳。通體光素。

【著　　錄】江漢考古2015年3期42頁拓片1,穀城34頁。

【銘文字數】蓋、器同銘,各7字。

【銘文釋文】郿(蔫)子䢅自乍(作)盌(鑄)壺。

【備　　注】銘文中“郿(蔫)”字,周婷、梁超二先生隸定爲“陀”,非是;“壺”字係分書,釋爲“白壺”2字亦不確。

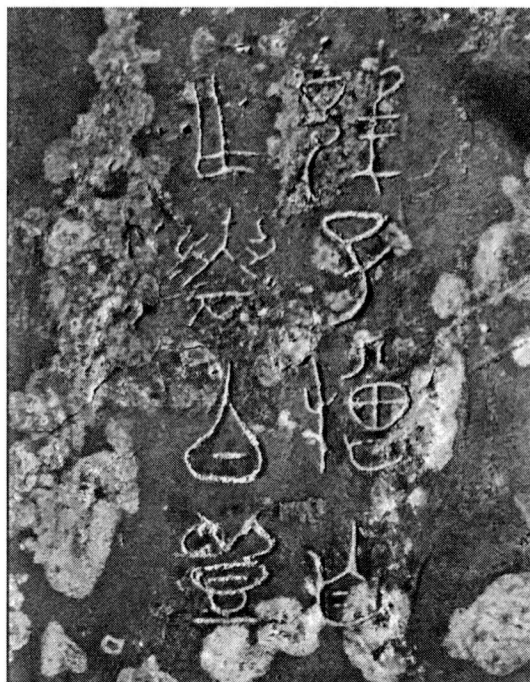

蓋1（原大）　　　　　　　　　蓋2（放大）

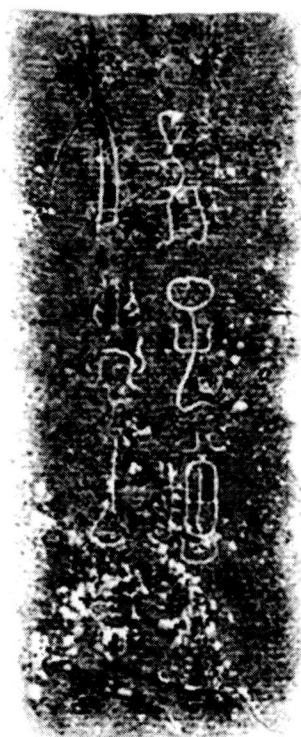

器1（原大）　　　　　　　　　器2（放大）

0817. 夆子旬壺（逢子旬壺）

【時　　代】春秋早期。

【收藏者】某收藏家。

【形制紋飾】侈口，長頸內束，下腹向外傾
垂，頸部有一對獸首耳，矮圈
足沿外撇。頸部飾回首尾上
卷的夔龍紋，腹部飾環帶紋，
均不施底紋。

【著　　録】未著録。

【銘文字數】頸上部鑄銘文 8 字。

【銘文釋文】夆（逢）子 旬 盤（鑄）弔（叔）
嬴姞壺。

【備　　注】銘文中"壺"字倒置。

0818. 曾公子棄疾壺甲

【時　　代】春秋晚期。

【出土時地】2011 年 9 月湖北隨州市東城區義地崗春秋墓地（M6.15）。

【收　藏　者】隨州市博物館。

【尺度重量】通高 37、口橫 13.7、口縱 9.7、腹深 28.2 釐米，殘重 6.39 公斤。

【形制紋飾】橫截面呈橢方形，侈口長頸，鼓腹平底，頸部有一對獸首銜環耳，矮圈足，
　　　　　　足沿呈坡狀外伸，內插式蓋，上有侈口方圈蓋冠，上口外撇較甚。壺蓋素
　　　　　　面，頸部和上腹均飾蟠螭紋，螭身填以圓點。

【著　　錄】江漢考古 2012 年 3 期 15 頁圖 7。

【銘文字數】蓋、器同銘，各 8 字。

【銘文釋文】曾公子厽（棄）疾之行壺。

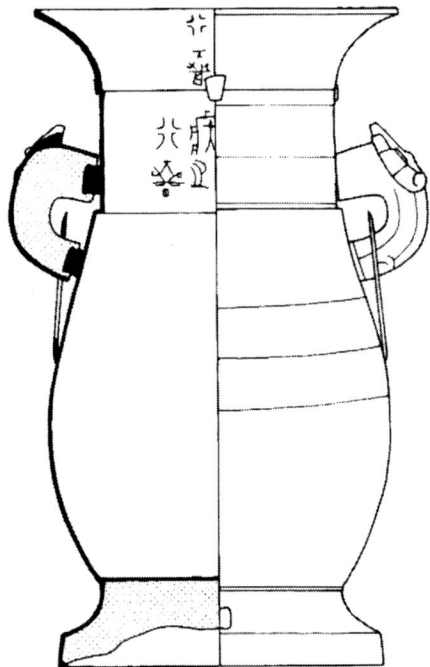

蓋

器

0819. 曾公子棄疾壺乙

【時　　代】春秋晚期。

【出土時地】2011年9月湖北隨州市東城
區義地崗春秋墓地（M6.16）。

【收　藏　者】隨州市博物館。

【尺　　度】通高37、口橫13.7、口縱9.7、
腹深28.2釐米。

【形制紋飾】橫截面呈橢方形，侈口長頸，
鼓腹平底，頸部有一對獸首銜
環耳，矮圈足，足沿呈坡狀外
伸，內插式蓋，上有侈口方圈
蓋冠，上口外撇較甚。壺蓋素
面，頸部和上腹均飾蟠螭紋，
螭身填以圓點。

【著　　錄】江漢考古2012年3期14頁
拓片五：2。

【銘文字數】蓋、器同銘，各8字。

【銘文釋文】曾公子去（棄）疾之行壺。

器

0820. 曾孫卲壺

【時　　代】春秋晚期。

【出土時地】2013年湖北隨州市曾都區文峰塔曾國墓地（M21.3）。

【收　藏　者】湖北省文物考古研究所。

【形制紋飾】橫截面呈方形,侈口長頸,鼓腹平底,矮圈足,頸兩側有一對卷尾回首龍

　　　　　　形耳。通體光素。

【著　　　錄】考古2014年27頁圖24.1。

【銘文字數】頸表面鑄銘文8字。

【銘文釋文】曾孫卲之大行之壺。

0821. 武平車府鈁

【時　　代】戰國晚期。

【收　藏　者】北京漢唐雅集。

【尺度重量】通高 50 釐米，重約 5 公斤。

【形制紋飾】橫截面呈方形，口微外侈，長頸內束，溜肩斂腹，方圈足，肩上每邊有一個
　　　　　　鋪首銜環耳，內插式盝頂蓋，每邊中部各有一隻扁形立鳥。蓋上、肩部、
　　　　　　腹部和圈足均有寬帶邊，腹部還有兩道橫帶，其間均飾纖細的蟠虺紋。

【著　　錄】未著錄。

【銘文字數】頸部刻銘文 4 字，口沿 4 字，蓋上 1 字，共 9 字。

【銘文釋文】頸部：武坪（平）車府；口沿：武坪（平）車府；蓋銘：訂（詞）。

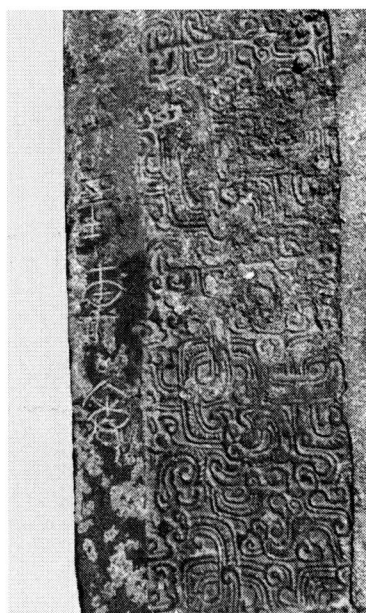

頸部

口沿　　　　　　　　蓋

0822. 滕大司馬友壺

【時　　代】戰國晚期。

【收　藏　者】海外某收藏家。

【尺　　度】殘高 18.5、腹徑 17 釐米。

【形制紋飾】上部殘破，後從頸部截齊，現
成小弇口，溜肩圓腹，肩部有
一對鋪首銜環耳，平底，下有
三個釘狀小足，其下應有底
座。肩上部飾兩周絢紋，其
間填以圓渦紋及折綫紋，腹
部飾交龍紋。

【著　　錄】未著錄。

【銘文字數】肩部刻銘文 8 字。

【銘文釋文】滕（滕）大司馬友之𡨢壺。

【備　　注】"𡨢"是"冥"字的別構，"冥
壺"就是隨葬的明器。此壺鑄造精緻，可能原爲主人生前的實用器，死
後隨葬時刻上銘文。

1

2

0823. 姚季壺

【時　　代】春秋早期。

【收 藏 者】某收藏家。

【形制紋飾】口微侈，長頸圓腹，一對銜環龍頭
耳，矮圈足外撇，內插式蓋，上有
口沿外侈的圈狀捉手。蓋的捉手
和頸上部飾仰葉紋，蓋沿和頸下
部飾象鼻變形龍紋，上腹和下腹
飾環帶紋，圈足飾垂鱗紋，均不施
底紋。

【著　　錄】未著錄。

【銘文字數】蓋的捉手內鑄銘文9字。

【銘文釋文】姚季䏼（媵）孟姬盇（盢－溫）母
飲器。

0824. 曾子伯選壺

【時　　代】春秋早期。

【收 藏 者】某收藏家。

【形制紋飾】直口長頸,圓腹,頸部有一對細小的半環鈕,矮圈足下沿有一道邊圈,內插式蓋,長榫頭,圈狀捉手碩大。頸部和圈足飾竊曲紋,腹部飾象鼻夔龍紋。

【著　　録】未著録。

【銘文字數】口內壁鑄銘文10字。

【銘文釋文】曾子白(伯)乪(選)行器,劓(則)永祜福。

0825. 龐孺子鍾甲

【時　　代】戰國晚期。

【收 藏 者】某收藏家。

【形制紋飾】侈口長頸，圓腹圜底，肩部有
一對銜環鋪首，矮圈足沿外
侈，弧面形蓋，上有三個"6"
字形鈕，下有子口。頸下部、
肩上和腹部共有四條扭索凸
棱，肩上和腹部均飾羽翅紋。

【著　　錄】未著錄。

【銘文字數】頸部刻銘文 10 字。

【銘文釋文】龐嬬(孺)子，七斗四升少半升。

0826. 龐孺子鍾乙

【時　　代】戰國晚期。

【收　藏　者】某收藏家。

【形制紋飾】侈口長頸,圓腹圜底,肩部有
　　　　　一對銜環鋪首,矮圈足沿外
　　　　　侈,弧面形蓋,上有三個"6"
　　　　　字形鈕,下有子口。頸下部、
　　　　　肩上和腹部共有四條扭索凸
　　　　　棱,肩上和腹部均飾羽翅紋。

【著　　錄】未著錄。

【銘文字數】蓋面刻銘文 3 字。

【銘文釋文】龐嬬(孺)子。

0827. 螯壺

【時　　代】商代晚期。

【收　藏　者】某收藏家。

【形制紋飾】直口長頸，圓腹，頸部有一對小
　　　　　　鈕，套接扭索狀提梁，矮圈足沿外
　　　　　　撇，內插式蓋，頂部有圈狀捉手。
　　　　　　蓋面、圈足、頸部和肩部均飾雲雷
　　　　　　紋組成的獸面紋帶，腹部飾連珠
　　　　　　紋鑲邊的獸面紋。

【著　　錄】未著錄。

【銘文字數】蓋內鑄銘文 11 字。

【銘文釋文】雟（雟）友子易（錫）螯貝，用乍（作）
　　　　　　隟（尊）彝，匜。

0828. 長信侯鍾

【時　　代】戰國晚期·魏。

【收 藏 者】某收藏家。

【形制紋飾】侈口長頸，口沿上有一道加厚的邊圈，圓腹，上腹兩側有一對鋪首銜環耳，圈足沿下折。頸、肩及上下腹各飾一道寬帶紋，寬帶呈弧形凹面。

【著　　錄】未著錄。

【銘文字數】外壁刻銘文 4 處，一、二處各 6 字（其中合文 1），內容相同；三、四處各 5 字，內容相同。

【銘文釋文】一、二處：斏（長）誾（信）庆（侯）厶（私）官況。三、四處：十八益（鎰）六釿。

【備　　注】"況"字根據長信侯鼎蓋釋出。摹本是藏家所作，不是十分準確，僅供參考。

1a

1b

2

0829. 陽侯枀隋夫人壺(隍侯枀隆夫人壺)

【時　　代】春秋晚期。

【收藏者】某收藏家。

【形制紋飾】侈口,長頸內束,頸部有一對龍首半環耳,圓腹,圈足下有一道邊圈,內插式蓋,上有碩大的圈狀蓋冠。器口下、上腹以及蓋冠飾環帶紋,蓋沿飾竊曲紋,圈足飾變形夔龍紋。

【著　　錄】未著錄。

【銘文字數】口沿外壁環帶紋彎曲處共有銘文 12 字。

【銘文釋文】隍(陽)厌(侯)枀隆(陸－隋)夫人行壺,其永祜福。

【備　　注】"陽"即陽國,姬姓,西周封國,春秋早期仍存在。《春秋·閔公二年》"齊人遷陽"即此。故址在今山東沂南縣南。

1

2

0830. 鄭伯繇父壺

【時　　代】春秋早期。

【出土時地】傳出山西晉南。

【收　藏　者】某收藏家。

【尺　　度】通高 30 釐米左右。

【形制紋飾】侈口,長頸內束,圓鼓腹,圈足沿外侈然後下折,頸部有一對銜環龍首半環耳。頸部飾變形夔龍紋和環帶紋,上腹飾瓦溝紋,下腹飾重環紋,圈足飾垂葉紋。

【著　　錄】未著錄。

【銘文字數】蓋、器同銘,各 15 字。

【銘文釋文】奠(鄭)白(伯)繇父爲弔(叔)姜隩(尊)壺,子孫永寶用宮(享)。

【備　　注】同坑出土一對,形制、紋飾、銘文相同,大小相若,另一件資料未發表。

蓋

器

0831. 昶覩伯壺

【時　　代】春秋早期。

【收 藏 者】某收藏家。

【形制紋飾】橫截面呈長方形,口微侈,平沿
　　　　　　内折,長頸,下腹向外傾垂,矮
　　　　　　圈足沿外撇,頸部有一對龍首
　　　　　　銜環耳。頸部飾卷尾夔龍紋,
　　　　　　腹部以凸棱絡帶將每面分成四
　　　　　　等份,其間各飾一卷體夔龍紋,
　　　　　　圈足飾垂鱗紋。

【著　　錄】未著錄。

【銘文字數】口内壁鑄銘文 17 字(其中重
　　　　　　文 2)。

【銘文釋文】昶覩白(伯)乍(作)寶壺,叀
　　　　　　(其)萬年子=(子子)孫=(孫
　　　　　　孫)永寶用喜(享)。

【備　　注】銘文照片因照相角度關係,有所變形。

0832. 尹氏士叔善父壺

【時　　代】西周中期。

【收 藏 者】某收藏家。

【形制紋飾】橫截面呈橢方形,直口長頸,鼓腹,矮圈足沿下折,頸部有一對貫耳,內插式蓋,上有圈狀捉手。蓋沿及頸部各飾兩組垂冠分尾鳥紋,腹部飾絡帶紋,圈足飾三道弦紋。

【著　　録】未著録。

【銘文字數】蓋、器同銘,各18字。

【銘文釋文】尹氏士弔(叔)蕭(善)父乍(作)行隣(尊)䚘,弋(其)萬年䀎(眉)眉(壽)永寶用。

【備　　注】此爲蓋銘。

0833. 楷大司工尚偁壺（黎大司工尚偁壺）

【時　　代】西周晚期。

【出土時地】傳出山西。

【收　藏　者】某收藏家。

【形制紋飾】長頸侈口，腹扁圓，圈足沿下折，並連鑄三個小支足，頸部有一對獸首銜環耳，內插式蓋，上有碩大的圈狀捉手。頸部及腹部均飾環帶紋，圈足飾垂鱗紋。

【著　　錄】未著錄。

【銘文字數】蓋樺鑄銘文 19 字（其中重文 2）。

【銘文釋文】楷（楷、黎）大嗣（司）工尚偁乍（作）爲寶壺，子＝（子子）孫＝（孫孫），永寶用吉宣（享）。

【備　　注】同坑出土一對，形制、紋飾、銘文相同，大小相若，另一件資料未公布。

蓋

0834. 上郡鴅妻壺

【時　　代】春秋早期。

【收 藏 者】某收藏家。

【形制紋飾】侈口長頸,蓋面呈坡狀隆起,下有
短子口,圓鼓腹,頸部有一對貫
耳,矮圈足。頸部和上腹飾變形
蟠螭紋。

【著　　錄】未著錄。

【銘文字數】頸上部鑄銘文19字(其中重文1)。

【銘文釋文】上郡鴅妻乍(作)障(尊)壺,其䁆
(眉)壽(壽)無彊(疆),子=(子子)
孫永寶用之。

0835. 曾季卿事奐壺

【時　　代】西周晚期或春秋早期。

【收 藏 者】某收藏家。

【尺　　度】通高 42、蓋捉手徑 17.5 釐米。

【形制紋飾】圓形，侈口長頸，圓腹，圈足沿外侈，然後下折，頸部有一對獸首耳，耳銜圓環，內插式蓋，上有圈狀捉手，下有長榫形子口。蓋的捉手內中部飾圓形竊曲紋，捉手外飾仰葉紋，蓋沿飾無目竊曲紋；頸上部飾環帶紋，下部飾無目竊曲紋；上腹飾夔龍紋，下腹飾環帶紋，圈足飾垂鱗紋。

【著　　錄】未著錄。

【銘文字數】蓋、器同銘，各 21 字（其中重文 2），蓋銘在捉手內。

【銘文釋文】隹（唯）曾季卿事奐用其吉金，自乍（作）寶醴（醴）壺，子＝（子子）孫＝（孫孫）用喜（享）。

【備　　注】同墓出土一對，形制、紋飾、大小、銘文相同。另一件未公布。

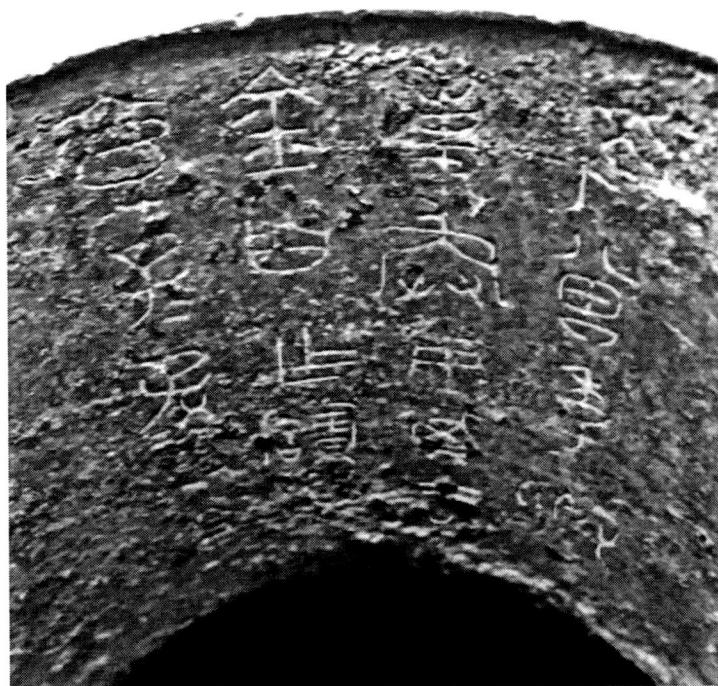

蓋

器

0836. 杞伯每匕壺

【時　　代】春秋晚期。

【出土時地】傳出山東。

【收 藏 者】某收藏家。

【著　　録】未著録。

【銘文字數】蓋內鑄銘文21字（其中重文2），器口22字（其中重文2）。

【銘文釋文】蓋銘：杞白（伯）每匕乍（作）嬡（曹）氏醴（醴）壺，其萬年鬒（眉）耆（壽），
子=（子子）孫=（孫孫），夆（永）寶用。器銘：杞白（伯）每匕乍（作）嬡
（曹）氏寶醴（醴）壺，其萬年鬒（眉）耆（壽），子=（子子）孫=（孫孫），夆
（永）寶用。

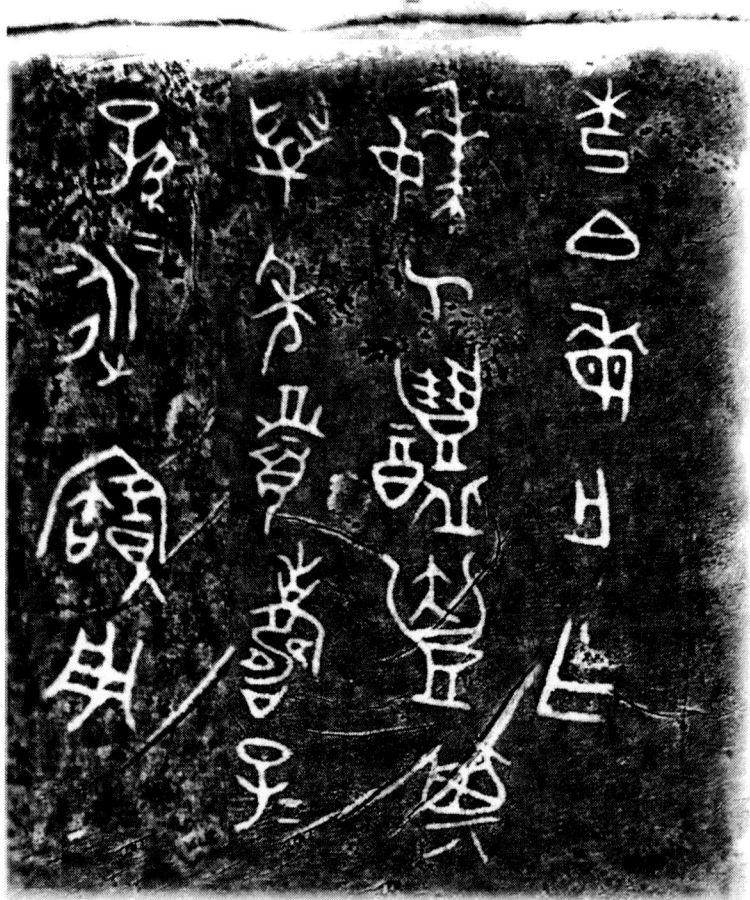

蓋

器

0837. 慶父壺

【時　　代】春秋早期。

【收　藏　者】某收藏家。

【形制紋飾】橢方形。

【著　　錄】未著錄。

【銘文字數】口內壁鑄銘文 23 字。

【銘文釋文】隹（唯）八月既生霸辛丑，〔龕〕（邳）慶父乍（作）〔衛〕□𦥯（朕）壺，其
　　　　　　萬年子孫寶用。

【備　　注】藏家未提供器形照片。

0838. 賈子伯猷父壺

【時　　代】春秋早期。

【收 藏 者】海外某收藏家。

【形制紋飾】橫截面呈橢方形,口微侈,長頸,頸部有一對象鼻獸首銜環耳,内插式蓋,蓋上有圈狀捉手,鼓腹矮圈足。蓋沿和頸部飾 S 形竊曲紋,腹部前後左右飾十六組團狀竊曲紋,其間填以十字形釘蓋紋。

【著　　錄】未著錄。

【銘文字數】蓋、器同銘,各 34 字(其中重文 2)。

【銘文釋文】隹(唯)王二月既死霸丁亥,賈子白(伯)猷父乍(作)孟姬隣(尊)壺,用亯(享)用孝,用𢆶(祈)萬壽(壽),子_(子子)孫_(孫孫)永寶用。

蓋

器

20. 卣

（0839-0883）

0839. 户卣甲

【時　　代】商代晚期。

【出土時地】2012 年 6 月陝西寶雞市渭濱區石鼓鎮石嘴頭村石鼓山西周墓（M3.23）。

【收 藏 者】寶雞市渭濱區博物館。

【尺度重量】通高 50、口徑 14.5 × 18.2、足徑 19.6 × 23 釐米，重 17.85 公斤。

【形制紋飾】橫截面呈橢圓形，高子口內斂，外罩式蓋，頂部有花苞狀小鈕，腹部向外
　　　　　　傾垂，圈足沿下折，形成較高的邊圈，頸部有一對小鈕，套接帶狀提梁，通
　　　　　　體鑄有四道高挺的扉棱，提梁兩端的獸頭有碩大的掌形角。提梁飾 S 狀
　　　　　　雙頭夔龍紋，蓋鈕飾蟬紋，蓋面中部飾直棱紋，外圍飾小鳥紋，蓋沿飾齒
　　　　　　狀花冠垂尾鳥紋，頸部和圈足亦飾齒狀花冠垂尾鳥紋，上腹飾直棱紋，下
　　　　　　腹飾齒狀花冠垂尾大鳥紋，尾下亦添置小鳥，方向與大鳥相反，均以雲雷
　　　　　　紋襯底。

【著　　錄】考古與文物 2013 年 1 期 21 頁圖 38.6（蓋），文物 2013 年 2 期 38 頁圖
　　　　　　49.6（器）。

【銘文字數】蓋、器同銘，各 1 字。

【銘文釋文】户。

卣

蓋   器

0840. 户卣乙

【時　　代】商代晚期。

【出土時地】2012 年 6 月陝西寶雞市渭濱區石鼓鎮石嘴頭村石鼓山西周墓（M3.23）。

【收 藏 者】寶雞市渭濱區博物館。

【尺度重量】通高 50、口徑 14.5 × 18.2、足徑 19.6 × 23 釐米，重 17.85 公斤。

【形制紋飾】横截面呈橢圓形，高子口内斂，外罩式蓋，頂部有花苞狀小鈕，腹部向外傾垂，圈足沿下折，形成較高的邊圈，頸部有一對小鈕，套接帶狀提梁，通體鑄有四道高挺的扉棱，提梁兩端的獸頭有碩大的掌形角。提梁飾 S 狀雙頭夔龍紋，蓋鈕飾蟬紋，蓋面中部飾直棱紋，外圍飾小鳥紋，蓋沿飾齒狀花冠垂尾鳥紋，頸部和圈足亦飾齒狀花冠垂尾鳥紋，上腹飾直棱紋，下腹飾齒狀花冠垂尾大鳥紋，尾下亦添置小鳥，方向與大鳥相反，均以雲雷紋襯底。

【著　　録】文物 2013 年 2 期 38 頁圖 49.4（器）。

【銘文字數】蓋、器同銘，各 1 字。

【銘文釋文】户。

0841. 冉卣

【時　　代】商代晚期。

【出土時地】2015年9月日本東京中央五周年拍賣會。

【收　藏　者】日本英青堂平野吉。

【尺　　度】通高30.5釐米。

【形制紋飾】橫截面呈橢圓形，子口內斂，鼓腹，圈足沿外侈，外罩式蓋，頂部有花苞狀鈕，沿下折作束腰形，口沿下兩側有一對小環鈕，套接扭索狀提梁。蓋面和器口沿下均飾雙頭夔龍紋，口沿下前後增飾浮雕獸頭，圈足飾兩道弦紋。

【著　　錄】未著錄。

【銘文字數】蓋、器同銘，各1字。

【銘文釋文】冉。

蓋　　　　　　　　　　器

0842. 守卣

【時　　代】商代晚期。

【出土時地】2012年6月陝西寶雞市渭濱區石鼓鎮石嘴頭村石鼓山西周墓（M1.3）。

【收　藏　者】寶雞市渭濱區博物館。

【尺度重量】通高21、口徑7.8×10.6、足徑9×11.2釐米，重1.94公斤。

【形制紋飾】横截面呈橢圓形，高子口內斂，外罩式蓋，頂部有花苞狀小鈕，沿下折作束腰形，鼓腹，矮圈足外侈，頸部有一對小鈕，套接扭索狀提梁。蓋鈕飾蟬紋，蓋面和頸部均飾垂冠回首夔龍紋，以雲雷紋襯底，頸的前後增飾浮雕獸首，圈足飾一周雙圈紋。

【著　　録】考古與文物2013年1期21頁圖38.11（蓋），文物2013年2期38頁圖49.2（器）。

【銘文字數】蓋、器同銘，各1字。

【銘文釋文】守。

蓋

器

卣

0843. 舌卣

【時　　代】商代晚期。

【出土時地】2006 年 7 月河南滎陽市廣武鎮小胡村商代墓（M22.4）。

【收 藏 者】河南省文物考古研究院。

【尺度重量】通高 19.4、口徑 12.3 × 8.7 釐米，重 1.595 公斤。

【形制紋飾】整體作相背的鴞鳥形，體的橫截面呈橢圓形，直口垂腹，腹部勾勒出羽翅，斂頸鼓胸，頸兩側有一對獸面貫耳，圜底下設四條肥胖鳥足。蓋面呈弧形鼓起，頂部有四坡屋頂形鈕，上飾雲紋，兩端作成鴞首，圓目鈎喙。

【著　　錄】發現（2006）53 頁，華夏考古 2015 年 1 期 9 頁圖 8。

【銘文字數】內底鑄銘文 1 字。

【銘文釋文】舌。

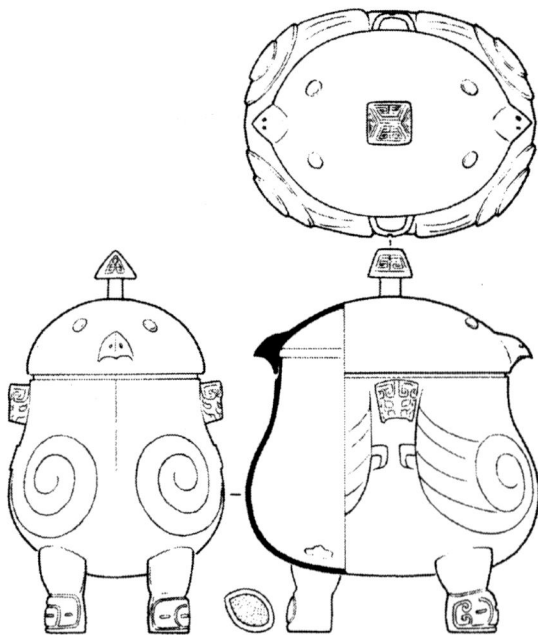

0844. 鳥卣甲

【時　　代】西周早期前段。

【出土時地】1998-2001 年山東滕州市官橋鎮前掌大村商周墓地（Ⅲ M309.2）。

【收 藏 者】滕州市博物館。

【尺　　度】通蓋高 28.2、口徑橫 16、底徑橫 17 釐米。

【形制紋飾】橫截面呈橢方形，子口外侈，鼓腹矮圈足，頸部有一對環鈕，套接扭索狀
　　　　　　提梁，外罩式蓋，蓋面隆起，上有菌狀鈕。蓋面和器口下均飾三列雲雷紋
　　　　　　組成的列旗脊獸面紋帶，頸的前後增飾浮雕獸頭，圈足飾兩道弦紋。

【著　　録】海岱考古第三輯 338 頁圖 95.18。

【銘文字數】蓋、器同銘，各 1 字。

【銘文釋文】鳥。

蓋　　　　　　　　　　　　器　　　　　　　　　卣

0845. 鳥卣乙

【時　　代】西周早期前段。

【出土時地】1998-2001年山東滕州市官橋鎮前掌大村商周墓地（Ⅲ M312.3）。

【收　藏　者】滕州市博物館。

【尺　　度】通蓋高26.8、口徑橫14、底徑橫17.2釐米。

【形制紋飾】橫截面呈橢方形，子口外侈，鼓腹矮圈足，頸部有一對環鈕，套接扭索狀提梁，外罩式蓋，蓋面隆起，上有菌狀鈕。蓋面和器口下均飾連珠紋鑲邊垂冠回首尾下卷的夔龍紋帶，頸的前後增飾浮雕獸頭，圈足飾一道弦紋。

【著　　錄】海岱考古第三輯338頁圖95.13、14。

【銘文字數】蓋、器同銘，各1字。

【銘文釋文】鳥。

蓋　　　　　　　　器

0846. 甬卣

【時　　代】西周早期前段。

【收　藏　者】某收藏者。

【出土時地】2015 年 9 月出現在盛世收
藏網。

【尺度重量】通高 21 釐米，重 3.1 公斤。

【形制紋飾】橫截面呈橢圓形，子口內斂，鼓
腹圜底，圈足沿外侈，口沿下有
一對小鈕，套接扭索狀提梁，外
罩式蓋，蓋面隆起，沿下折作束
腰形，頂部有一個菌狀鈕。蓋
面和器口下飾連珠紋鑲邊的雷
紋帶，頸的前後增飾浮雕獸頭，
圈足飾兩道弦紋。

【著　　錄】未著錄。

【銘文字數】蓋、器同銘，各 1 字。

【銘文釋文】甬。

蓋　　　　　　　　　　器

甬

0847. 天黽卣

【時　　代】商代晚期。

【出土時地】2016年2月1日見於北京。

【收　藏　者】某收藏家。

【尺度重量】通高32釐米,重4.5公斤。

【形制紋飾】橫截面呈橢圓形,斂口鼓腹,圈
　　　　　　足沿外侈,口沿下有一對小鈕,
　　　　　　套接扭索狀提梁。蓋面和器口
　　　　　　沿下均飾三列雲雷紋組成的獸
　　　　　　面紋帶,上下以聯珠紋鑲邊,圈
　　　　　　足飾目雲紋。

【著　　錄】未著錄。

【銘文字數】蓋、器同銘,各2字。

【銘文釋文】天黽。

盖　　　　　　　　器

0848. 亞離卣

【時　　代】商代晚期。

【收　藏　者】香港東坡齋。

【尺　　度】通高 24.7、口徑 12 × 14.8、最大腹徑 19.3 釐米。

【形制紋飾】體呈雙鴞相背連體形，蓋作鴞頭，鳥喙前突，蓋上有菌狀鈕，斂頸鼓胸，頸兩側有一對小鈕，套接絇扭索狀提梁，四足矮胖。蓋面飾相背的兩個獸面紋，咧嘴獠牙，雙爪前伸，體飾羽翅紋。

【著　　録】未著録。

【銘文字數】蓋、器同銘，各 2 字。

【銘文釋文】亞隼（離）。

蓋　　　　　　　　　　　　　　　器

卣

137

0849. 父辛卣

【時　　代】商代晚期。

【出土時地】2014年9月日本東京中央五
周年拍賣會。

【收　藏　者】日本大阪某收藏家。

【尺　　度】通高32.5釐米。

【形制紋飾】橫截面呈橢圓形，長子口內
斂，下腹向外傾垂，矮圈足沿
外撇，口沿下有一對小鈕，套
接扁提梁，外罩式蓋，沿下折
作束腰形，頂部有花苞形鈕。
蓋面和器口沿下均飾菱形雷
紋，以連珠紋鑲邊，口沿下前
後增飾浮雕獸面，蓋沿飾三角
紋，提梁飾雷紋，圈足飾兩道
弦紋。

【著　　錄】未著錄。

【銘文字數】蓋、器同銘，各2字。

【銘文釋文】父辛。

【備　　注】此銘文拓本爲蓋銘。

蓋

0850. 山祖兄卣

【時　　代】商代晚期。

【收　藏　者】海外某收藏家。

【尺　　度】通高16、寬13釐米。

【形制紋飾】通體作兩隻鴞鳥相背之形，
　　　　　　直口短頸，鴞體豐滿，下部有
　　　　　　四條矮肥足，頸兩側有一對
　　　　　　半環鈕，套接扭索狀提梁，內
　　　　　　插式蓋，上有菌狀鈕。蓋兩
　　　　　　端作成鳥首，圓目鈎喙，毛角
　　　　　　作成彎曲形，腹兩側鑄成半
　　　　　　浮雕的羽翅紋，栩栩如生。

【著　　録】未著録。

【銘文字數】蓋、器同銘，各3字。

【銘文釋文】山且（祖）兄。

【備　　注】器銘"且"字係刻款。

蓋　　　　　　　　　　器

0851. 冉父乙卣

【時　　代】商代晚期。

【出土時地】2012 年 6 月陝西寶雞市渭濱區石鼓鎮石嘴頭村石鼓山西周墓（M3.13）。

【收　藏　者】寶雞市渭濱區博物館。

【尺度重量】通高 32、口徑 11.7×14.6、足徑 14.5×18.5 釐米，重 4.92 公斤。

【形制紋飾】橫截面呈橢圓形，高子口內斂，外罩式蓋，頂部有花苞狀小鈕，沿下折作
束腰形，腹部外鼓較甚，矮圈足外侈，頸部有一對小鈕，套接扭索狀提梁。
蓋鈕飾蟬紋，蓋面和頸部均飾雷紋帶，上下以連珠紋鑲邊，頸的前後增飾
浮雕獸首，圈足飾兩道弦紋，外底有方格加强筋。

【著　　錄】考古與文物 2013 年 1 期 21 頁圖 38.8（蓋），文物 2013 年 2 期 38 頁圖
49.7（器）。

【銘文字數】蓋、器同銘，各 3 字。

【銘文釋文】𠓥（冉）父乙。

蓋　　　　　　　　　器

0852. 重父乙卣

【時　　代】商代晚期。

【出土時地】2012年6月陝西寶雞市渭濱區石鼓鎮石嘴頭村石鼓山西周墓（M3.30）。

【收 藏 者】寶雞市渭濱區博物館。

【尺度重量】通高21.6、口徑7.2×9.6、足徑9.5×12.5釐米，重1.85公斤。

【形制紋飾】橫截面呈橢圓形，高子口內斂，外罩式蓋，頂部有花苞狀小鈕，沿下折作束腰形，腹部外鼓較甚，矮圈足外侈，頸部有一對小鈕，套接扭索狀提梁。蓋鈕飾蟬紋，蓋面和頸部均飾雷紋帶，上下以連珠紋鑲邊，頸的前後增飾浮雕獸首，圈足飾兩道弦紋，外底有方格加強筋。

【著　　錄】文物2013年2期38頁圖49.7（器），36頁圖47（蓋）。

【銘文字數】蓋、器同銘，各3字。

【銘文釋文】重父乙。

蓋　　　　　　　　　　　器

0853. 單父丁卣

【時　　代】商代晚期。

【出土時地】2012 年 6 月陝西寶雞市渭濱區石鼓鎮石嘴頭村石鼓山西周墓（M3.17）。

【收　藏　者】寶雞市渭濱區博物館。

【尺度重量】通高 39、口徑 12.4 × 15.5、足徑 16 × 19.3 釐米，重 8.78 公斤。

【形制紋飾】橫截面呈橢圓形，高子口內斂，外罩式蓋，頂部有花苞狀小鈕，腹部向外
　　　　　　傾垂，圈足沿下折，形成一道邊圈，頸部有一對小鈕，套接帶狀提梁，通體
　　　　　　鑄有四道高挺的扉棱，提梁兩端有下卷角獸頭。提梁飾夔龍紋，蓋鈕飾
　　　　　　蟬紋，蓋面中部飾直棱紋，外圍是長鳥紋，蓋沿飾齒狀花冠垂尾長鳥紋，
　　　　　　頸部和圈足飾齒狀花冠卷尾長鳥紋，上腹飾直棱紋，下腹飾齒狀花冠垂
　　　　　　尾大鳥紋，尾下亦添置小鳥，方向與大鳥相反，均以雲雷紋襯底。

【著　　錄】文物 2013 年 2 期 38 頁圖 49.9（器）。

【銘文字數】蓋、器同銘，各 3 字。

【銘文釋文】單父丁。

【備　　注】蓋內銘文被打磨掉，器銘"單"字部分被磨掉。

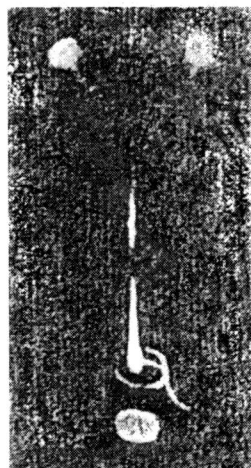

卣

143

0854. 史父丁卣

【時　　代】商代晚期。

【收 藏 者】某收藏家。

【尺度重量】通高 39 釐米,重 6.5 公斤。

【形制紋飾】橫截面呈橢圓形,高子口內斂,外罩式蓋,頂部有花苞狀小鈕,鼓腹高圈足,頸部有一對半環鈕,套接扁提梁,提梁兩端有圓雕獸頭。提梁飾目龍紋,蓋面及頸部均飾夔鳥紋,頸的前後增飾浮雕獸頭,圈足飾獸面紋帶,均以雲雷紋襯底。

【著　　錄】未著錄。

【銘文字數】蓋、器同銘,各 3 字。

【銘文釋文】史父丁。

0855. 束祖乙卣

【時　　代】西周早期。

【出土時地】2011年湖北隨州市淅河鎮蔣寨村葉家山西周墓地(M46.12)。

【收　藏　者】湖北省文物考古研究所。

【尺度重量】通高32.7、口徑14.8×10.9、腹深11.9釐米,重5.33公斤。

【形制紋飾】橫截面呈橢圓形,鼓腹矮圈足,口下有一對小鈕,套接扭索狀提梁,外罩式蓋,蓋鈕作花苞狀,已殘斷,沿下折作束腰形。蓋面及口沿下均飾象鼻夔龍紋,口沿下前後增飾浮雕獸頭,均以雲雷紋襯底,圈足飾兩道弦紋。

【著　　錄】考古2012年7期42頁圖18.8、11。

【銘文字數】蓋、器同銘,各3字。

【銘文釋文】束祖乙。

蓋

器

0856. 亞夨母癸卣（亞疑母癸卣）

【時　　代】西周早期前段。

【出土時地】2015 年 9 月出現在香港瀚海拍賣會。

【收　藏　者】某收藏家。

【尺　　度】通高 30 釐米。

【形制紋飾】横截面呈橢圓形,直子口,鼓腹圓底,圈足下有一道邊圈,外罩式蓋,蓋面鼓起,沿下折略作束腰形,頂部有花苞形鈕,頸部有一對小鈕,套接獸頭"U"形提梁,通體有四道扉棱。蓋面和器腹飾下卷角獸面紋,蓋沿及圈足飾夔龍紋組成的獸面紋帶,頸部飾垂冠回首夔龍紋,前後增飾浮雕獸頭,均以雲雷紋襯底。

【著　　錄】未著錄。

【銘文字數】蓋、器同銘,各 4 字。

【銘文釋文】亞夨（疑）母癸。

【備　　注】此銘文照片係蓋銘。

蓋

0857. 曾侯卣

【時　　代】西周早期。

【出土時地】2013年湖北隨州市曾都區淅河
鎮蔣寨村葉家山（M111.126）。

【收 藏 者】湖北省文物考古研究所。

【尺　　度】通高 36、口大徑 15.4 釐米。

【形制紋飾】橫截面呈橢圓形，長子口，鼓
腹圈足，沿下折形成一道邊
圈，外罩式蓋，頂部有花苞形
鈕，沿下折作束腰形。蓋面和
器口沿下飾垂冠回首的夔龍
紋，以雲雷紋襯底，口沿下增
飾浮雕獸頭，圈足飾兩道弦紋。

【著　　錄】葉家山 129 頁。

【銘文字數】蓋、器同銘，各 4 字。

【銘文釋文】曶（曾）厌（侯）用彝。

【備　　注】器銘未拍照。

蓋

0858. 戈卣

【時　　代】西周早期。

【收 藏 者】某收藏家。

【形制紋飾】横截面呈橢圓形，直口鼓腹，外罩式蓋，頂部有花苞狀捉手，沿下折作束腰形，頸部有一對小鈕，套接龍頭扁提梁，圈足沿外撇。蓋面和頸部均飾兩組夔龍紋，以雲雷紋襯底，頸的前後增飾高浮雕獸頭，圈足飾一道粗弦紋。

【著　　録】未著録。

【銘文字數】蓋、器同銘，各 4 字。

【銘文釋文】戈乍（作）寶彝。

【備　　注】此爲蓋銘。

蓋　　　　　　　　　　　　　　　　　　卣

0859. 作寶尊彝卣

【時　　代】西周早期。

【出土時地】2011 年湖北隨州市淅河鎮蔣寨村葉家山西周墓地（M50.23）。

【收 藏 者】湖北省文物考古研究所。

【尺度重量】通高 30.4、口徑 14 × 10.6、腹深 11.9 釐米，重 3.095 公斤。

【形制紋飾】橫截面呈橢圓形，鼓腹圈足，口下有一對小鈕，套接獸頭扁提梁，外罩式蓋，蓋鈕作花苞狀，沿下折作束腰形。蓋面及口沿下均飾花冠回首夔龍紋，口沿下前後增飾浮雕獸頭，均以雲雷紋襯底，提梁飾夔龍紋，圈足飾卷唇夔龍紋，均無底紋。

【著　　錄】考古 2012 年 7 期 42 頁圖 18.10。

【銘文字數】蓋、器同銘，各 4 字。

【銘文釋文】乍（作）寶隮（尊）彝。

【備　　注】器銘未公布。

蓋

0860. 作寶尊彝卣

【時　　　代】西周早期後段。

【收　藏　者】臺北震榮堂(陳鴻榮、王亞玲夫婦)。

【尺度重量】通高 27、提梁貘頭相距 23 釐米。

【形制紋飾】橫截面呈橢圓形,直口,外罩式蓋,頂部有圈狀捉手,兩端有一對犄角,沿下折作束腰形,頸部有一對小鈕,套接貘頭扁提梁,下腹向外傾垂,矮圈足沿下折,形成低矮的邊圈。 蓋面和頸部均飾兩組垂冠回首夔龍紋,以雲雷紋襯底,頸的前後增飾高浮雕貘頭,圈足飾兩周弦紋。

【著　　　録】金銅器 228 頁卣 04。

【銘文字數】蓋器同銘,各 4 字。

【銘文釋文】乍(作)寶陣(尊)彝。

【備　　　注】此爲蓋銘。

蓋

0861. 作封從彝卣（作𢦏伇彝卣）

【時　　代】西周早期。

【出土時地】1931 年山東益都縣（今青州市）蘇埠屯西周墓葬。

【收　藏　者】原藏益都縣民衆教育館。

【著　　錄】蘇埠屯 23 頁 a。

【銘文字數】蓋、器同銘，各 4 字。

【銘文釋文】乍（作）𢦏（封）伇（從）彝。

蓋

0862. 亞𢀑天黿獻卣甲

【時　　代】商代晚期。

【收 藏 者】某收藏家。

【尺度重量】通高32、寬26釐米，重5公斤。

【形制紋飾】子口內斂，鼓腹，圈足沿外
侈，頸部有一對小鈕，套接扭
索狀提梁，外罩式蓋，沿下折
作束腰形，頂部有花苞形鈕。
蓋面及器口沿下飾連珠紋鑲
邊的雷紋帶，圈足飾兩道
弦紋。

【著　　錄】未著錄。

【銘文字數】蓋、器同銘，各5字。

【銘文釋文】亞𢀑天黿獻。

【備　　注】同坑出土2件，一大一小，形
制、紋飾、銘文相同。

蓋　　　　　　　　　　　器　　　　　　　　卣

0863. 亞𠂤天黽獻卣乙

【時　　代】商代晚期。

【收　藏　者】某收藏家。

【尺　　度】通高 21.2、口徑 7.8 × 10.2、腹深 12.6 釐米。

【形制紋飾】子口內斂，鼓腹，圈足沿外侈，頸部有一對小鈕，套接扭索狀提梁，外罩式蓋，沿下折作束腰形，頂部有花苞形鈕。蓋面及器口沿下飾連珠紋鑲邊的雷紋帶，圈足飾兩道弦紋。

【著　　錄】未著錄。

【銘文字數】蓋、器同銘，各 5 字。

【銘文釋文】天黽亞𠂤獻。

【備　　注】應讀為"亞𠂤天黽獻"。

蓋 1

蓋 2

器 1

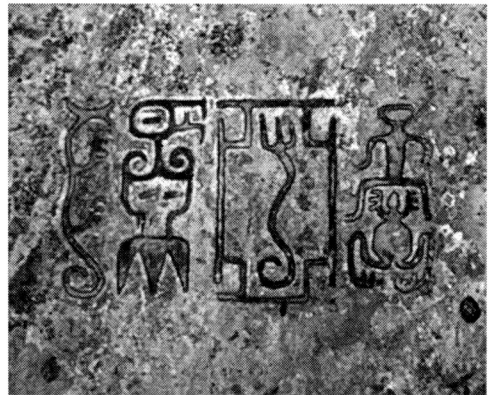

器 2

0864. 闔伯卣

【時　　代】西周早期。

【收 藏 者】某收藏家。

【尺　　度】通高31釐米。

【形制紋飾】橫截面呈橢圓形,鼓腹矮圈足,口下有一對小鈕,套接龍頭扁提梁,外罩式蓋,頂部有花苞形鈕,沿下折作束腰形,通體有四道扉棱。蓋面及腹部均飾垂冠回首大鳳鳥紋,兩兩相對,蓋沿、口沿下及圈足各飾八條夔龍紋,口沿下前後增飾浮雕獸頭,均以雲雷紋襯底。

【著　　録】未著録。

【銘文字數】蓋、器同銘,各5字。

【銘文釋文】闔白(伯)乍(作)旂(旅)彝。

蓋

器

0865. 臣辰父癸卣

【時　　代】西周早期。

【出土時地】2015 年 9 月出現在美國紐約佳士得拍賣會。

【收　藏　者】某收藏家。

【尺　　度】通高 25 釐米。

【形制紋飾】橢圓形，長子口，頸兩側有環鈕套接貘頭扁提梁，垂腹圈足，外罩式蓋，蓋沿下折作束腰形，上有圈狀捉手，兩端有一對犄角。蓋沿及頸部前後飾浮雕貘頭，蓋沿及頸部各有三道弦紋。弦紋之間各飾兩枚浮雕貘頭，一在前一在後。圈足飾一道粗弦紋。

【著　　錄】未著錄。

【銘文字數】蓋、器同銘，各 6 字。

【銘文釋文】臣辰?（先、兟）㽞㽞（册）父癸。

蓋　　　　　　　　　器

0866. 伯卣

【時　　代】西周早期。

【收 藏 者】某收藏家。

【尺　　度】通高 53 釐米。

【形制紋飾】橫截面呈橢圓形,高子口內
斂,外罩式蓋,頂部有花苞狀
小鈕,鼓腹高圈足,足沿下折,
形成一道較高的邊圈,頸部有
一對半環鈕,套接扁提梁,提
梁兩端有圓雕獸頭。獸角上
部呈梳篦形,提梁飾夔龍紋,
蓋面及肩部均飾直棱紋,蓋
沿、器口沿及圈足飾形象不同
的鳥紋,均以雲雷紋襯底。

【著　　錄】形飾 28 頁。

【銘文字數】蓋、器同銘,各 6 字。

【銘文釋文】白(伯)乍(作)父乙隙(尊)彝。

0867. 元卣（狽元卣）

【時　　代】商代晚期。

【收　藏　者】某收藏家。

【尺度重量】通高 32、口徑 14.5 × 12、腹深 17 釐米，重 4 公斤。

【形制紋飾】橫截面呈橢圓形，高子口，外罩式蓋，蓋面隆起，頂部有花苞形鈕，蓋面出
　　　　　　簹；器腹外鼓，圈足沿外侈，獸頭扁提梁設在寬頸的兩側，蓋面和腹部各
　　　　　　有四道扉棱。蓋面和器腹均飾下卷角獸面紋，蓋沿和頸部飾回首龍紋，
　　　　　　均以雲雷紋襯底，圈足飾雲雷紋。

【著　　　録】未著録。

【銘文字數】蓋、器同銘，各 7 字。

【銘文釋文】狽，元乍（作）父戊隉（尊）彝。

蓋

器

0868. 芮伯卣

【時　　代】西周早期。

【出土時地】河南洛陽。

【收 藏 者】洛陽博物館。

【尺　　度】口大徑 14.6、圈足大徑 17、蓋大徑 15.8 釐米。

【形制紋飾】橫截面呈橢圓形,鼓腹矮圈足,足沿下折,形成一道邊圈,頸部有一對小
　　　　　鈕,套接獸頭扁提梁,外罩式蓋,上有圈狀捉手,兩端有一對犄角,沿下折
　　　　　作束腰形。蓋面及頸部均飾夔龍紋,頸部前後增飾浮雕獸頭,均以雲雷
　　　　　紋襯底,提梁飾夔龍紋,圈足飾一道弦紋。

【著　　録】洛銅 154。

【銘文字數】蓋、器同銘,各 7 字。

【銘文釋文】内(芮)白(伯)乍(作)父寶陦(尊)彝。

蓋

器

0869. 大史卣（太史卣）

【時　　代】西周早期。

【收　藏　者】臺北震榮堂（陳鴻榮、王亞玲夫婦）。

【尺　　度】器高 19、兩耳間距 13 釐米。

【形制紋飾】橫截面呈橢圓形，直口，外罩式蓋，頂部有圈狀捉手，沿下折作束腰形，提梁丟失，腹部向外傾垂，矮圈足沿外撇。蓋面、頸部和圈足均飾兩組高浮雕一首雙身龍紋。

【著　　録】金銅器 199 頁尊 08。

【銘文字數】蓋器同銘，各 7 字。

【銘文釋文】大（太）史乍（作）寶旅（旅）彝。

【備　　注】此爲蓋銘。

蓋

卣

163

0870. 𨟿卣（選卣）

【時　　代】西周早期。

【收　藏　者】某收藏家。

【形制紋飾】橫截面呈橢圓形，長子口，鼓腹，圈足沿外侈然後下折，頸部有一對半環鈕，套接獸頭提梁，蓋面隆起，沿下折作束腰形，蓋頂花苞形鈕。蓋面和口沿下各飾兩組浮雕一首雙身龍紋，龍體蜿蜒，龍頭成高浮雕，上下各有一道或兩道弦紋。

【著　　錄】未著錄。

【銘文字數】蓋、器同銘，各8字。

【銘文釋文】𨟿（選）乍（作）且（祖）乙寶隮（尊）彝。𠄔。

【備　　注】此爲蓋銘，器銘未提供。

蓋

0871. 曾侯諫卣甲

【時　　代】西周早期。

【出土時地】2013 年湖北隨州市曾都區淅
河鎮蔣寨村葉家山（M28.167）。

【收　藏　者】湖北省文物考古研究所。

【尺　　度】通高 39.5、口大徑 15 釐米。

【形制紋飾】橫截面呈橢圓形，長子口，鼓
腹，高圈足，下有一道邊圈，外
罩式蓋，頂部有花苞形鈕，沿下
折作束腰形。蓋面和器口沿下
飾垂冠回首夔龍紋，圈足飾兩
組一首雙身龍紋，均以雲雷紋
襯底，口沿下增飾浮雕獸頭。

【著　　錄】葉家山 85 頁。

【銘文字數】蓋、器同銘，各 8 字。

【銘文釋文】曾（曾）厌（侯）諫乍（作）媿寶
陣（尊）彝。

【備　　注】蓋銘反書，器銘未公布。

蓋

曾

0872. 曾侯諫卣乙

【時　　代】西周早期。

【出土時地】2013年湖北隨州市曾都區淅河鎮蔣寨村葉家山（M28.169）。

【收 藏 者】湖北省文物考古研究所。

【尺度重量】通高34.8、蓋口徑10.5×12.5、腹深19.8釐米，重5公斤。

【形制紋飾】橫截面呈橢圓形，長子口，鼓腹，高圈足，下有一道邊圈，外罩式蓋，頂部
　　　　　　有花苞形鈕，沿下折作束腰形。蓋面和器口沿下飾垂冠回首的夔龍紋，
　　　　　　圈足飾兩組一首雙身龍紋，均以雲雷紋襯底，口沿下增飾浮雕獸頭。

【著　　錄】葉家山85頁，江漢考古2013年4期26頁拓片11。

【銘文字數】蓋、器同銘，各8字。

【銘文釋文】曾（曾）医（侯）諫乍（作）媿寶隣（尊）彝。

蓋

器

0873. 齹卣蓋

【時　　代】西周早期。

【收 藏 者】原藏吳大澂。

【形制紋飾】外罩式蓋，蓋面隆起，沿下折，上有花苞形鈕。蓋面飾象鼻形夔龍紋，兩
兩相對，以雲雷紋襯底，中間有簡化獸面相隔。

【著　　錄】愙圖注 006 頁。

【銘文字數】內壁鑄銘文 8 字。

【銘文釋文】齹（甕）乍（作）父甲寶陣（尊）彝，單。

0874. 燕侯旨卣（匽侯旨卣）

【時　　代】西周早期（成康世）。

【出土時地】2010 年 12 月山西翼城縣大河口西周墓地（M1）。

【收 藏 者】山西省大河口墓地聯合考古隊。

【尺　　度】通高 34.5、提梁獸頭相距 29、足徑 22.5 × 19.5 釐米。

【著　　錄】文物報 2011 年 1 月 7 日 7 版，霸國 56 頁。

【形制紋飾】橫截面呈橢圓形，高子口，鼓腹，圈足沿外侈，外罩式蓋，沿下折作束腰形，上有圈狀捉手，兩端有一對犄角，肩上有一對小鈕，套接獏頭扁提梁。蓋上、頸部均飾連珠紋鑲邊的夔龍紋，頸的前後增飾浮雕獸頭，圈足飾兩道弦紋。

【銘文字數】蓋内鑄銘文 9 字。

【銘文釋文】匽（燕）厌（侯）旨乍（作）姑妹寶隮（尊）彝。

【備　　注】同墓出土有霸簋 1 件，伯作寶尊彝鼎 1 件，霸仲作旅彝簋 1 件，旨作父辛爵 2 件等。

0875. 婦闌卣

【時　　代】商代晚期。

【收　藏　者】原藏日本坂本五郎不言堂，2002 年捐贈給奈良國立博物館。

【尺　　度】通高 51.4、口徑 20.2 × 15.7 釐米。

【形制紋飾】造型別緻，裝飾富麗，橫截面呈橢圓形，高子口內斂，外罩式蓋，沿下折作束腰形，頂部有花苞狀小鈕，腹部向外傾垂，圈足沿下折，形成較高的邊圈，頸兩側寬面有一對小鈕，套接扁條提梁，兩端的獸頭有碩大的掌形角，肩部橫出四條向上彎曲的長扉牙，頂端飾獸面，體飾雲雷紋，通體有四道扉棱，蓋沿的扉棱特長，每條扉棱均飾有鳥首紋。蓋頂飾直棱紋和鳥紋，器頸、蓋沿和圈足均飾雲雷紋襯底的小鳥紋，肩部飾直棱紋，腹部飾大鳳鳥，鳳冠作手掌形，提梁飾體呈 S 形的雙頭夔龍紋，間以獸面紋，均以纖細的雲雷紋襯底。

【著　　錄】古文字研究 30 輯 159 頁。

【銘文字數】蓋、器同銘，各 10 字。

【銘文釋文】婦闌乍(作)爻(文)姑日癸隓(尊)彝，𢼸(𢼸)。

蓋

器

0876. 公卣

【時　　　代】西周中期前段。

【收 藏 者】某收藏家。

【尺　　　度】通高 30、口徑 13 × 16.5、腹徑 25 釐米。

【形制紋飾】橫截面呈橢圓形,子口微內斂,外罩式蓋,上部有圈狀捉手,下腹向外傾
　　　　　　垂,矮圈足沿外撇,通體有四道扉棱。蓋面和腹部飾兩組下卷角獸面紋,
　　　　　　頸部飾垂冠回首夔龍紋,前後增飾浮雕獸頭,腹部飾兩組下卷角獸面紋,
　　　　　　圈足飾長尾鳥紋,均以雲雷紋襯底。

【著　　　録】未著録。

【銘文字數】蓋、器同銘,各 10 字。

【銘文釋文】公乍(作)寶隣(尊)彝,弋(其)萬年永寶。

蓋

器   卣

0877. 豫卣

【時　　代】西周早期。

【收 藏 者】香港某收藏家。

【尺　　度】通高 40.5 釐米。

【形制紋飾】橫截面呈橢圓形，子口微內
敛，鼓腹圈足，圈足沿外侈，然
後下折，頸部有一對小鈕，套
接獸頭扁提梁，外罩式蓋，頂
部有菌狀鈕，沿下折作束腰
形，通體有四道扉棱。蓋沿和
頸部飾鷙鳥紋，蓋的上部和上
腹飾直棱紋，口沿下飾夔龍
紋，下腹飾四組大鳥紋，圈足
飾象鼻夔龍紋。

【著　　錄】未著錄。

【銘文字數】蓋、器同銘，各 10 字。

【銘文釋文】豫易（錫）貝，用乍（作）父乙隁（尊）彝，鳥。

蓋　　　　　　　　　　　器

0878. 仉其卣

【時　　代】西周早期。

【出土時地】2014年12月出現在西安古玩城。

【收　藏　者】某收藏家。

【尺　　度】口徑22釐米。

【形制紋飾】橫截面呈橢圓形,子口微內斂,鼓腹,矮圈足沿外侈,頸部有一對小鈕,套
　　　　　接羊首扁提梁,外罩式蓋,沿下折作束腰形,頂部有圈狀捉手。蓋面和器
　　　　　頸飾垂冠回首夔鳥紋,以雲雷紋襯底,提梁亦飾夔鳥紋,用凸起的菱形紋
　　　　　間隔,圈足飾兩道弦紋,腹部光素。

【著　　錄】未著錄。

【銘文字數】蓋、器同銘,各14字。

【銘文釋文】者魯戌公乃妹子仉其乍(作)父戌寶陴(尊)。

蓋

器

0879. 伯揚卣（伯甗卣）

【時　　代】西周中期前段。

【收 藏 者】原藏臺灣王氏，現藏香港御雅居。

【尺　　度】通高 25、寬 12.5 釐米。

【形制紋飾】橫截面呈橢圓形，子口內斂，下腹向外傾垂，圈足沿外侈，外罩式蓋，頂部有圈狀捉手，兩端有一對犄角，沿下折作束腰形，口沿下兩側有一對小環鈕，套接獏頭扁提梁。蓋面和器口沿下均飾垂冠回首尾下卷作刀形的夔龍紋，以雲雷紋襯底，口沿下前後增飾浮雕獸頭，圈足飾兩道弦紋。

【著　　録】王侯 117 頁。

【銘文字數】器內底鑄銘文 5 字，蓋內 10 字。

【銘文釋文】器銘：白（伯）甗（揚）乍（作）寶彝；蓋銘：乍（作）宗寶隣（尊）彝，徦（萬）年孫子用。

蓋　　　　　　　　器

0880. 懋卣

【時　　代】西周中期前段。

【出土時地】傳出山西襄汾一帶。

【收　藏　者】某收藏家。

【尺　　度】通高 30、口徑 12.9×10、腹深 15.8 釐米。

【形制紋飾】橫截面呈橢圓形,子口微斂,鼓腹圈足,外罩式蓋,頂部有花苞狀鈕,蓋沿下折,扁條形提梁設在橫寬口沿的中部,呈倒 U 字形,兩端有大葉狀扁角圓雕獸頭,通體有四道扉棱。蓋面有三道紋飾,內外爲小鳥紋,中圈爲直棱紋,蓋沿飾兩組長鳥紋,器口下和圈足飾長鳥紋,上腹飾直棱紋,下部飾兩組大鳥紋,鳥冠後垂,並有多齒形裝飾,鳥尾上卷,其上又有一飄冠垂尾小鳥,提梁飾 S 形夔龍紋,除直棱紋外,均以雲雷紋襯底。

【著　　錄】未著錄。

【銘文字數】蓋、器同銘,各 36 字。

【銘文釋文】佳(唯)六月既朢(望)丁子(巳),穆王才(在)奠(鄭),蔑懋暦(曆),易(錫)犬(緄)帶。懋搽(拜)頴(稽)首,叙(敢)對覞(揚)天子休,用乍(作)文考日丁寶隩(尊)彝。

【備　　注】同出的還有 1 件懋尊,銘文與尊完全相同。

卣

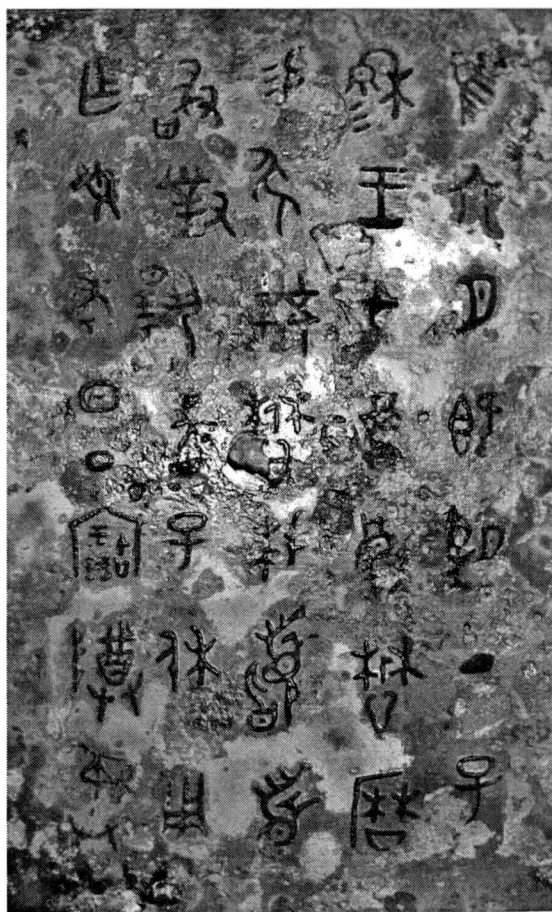

蓋1

蓋2

器

0881. 遳卣（疑卣）

【時　　代】西周早期。

【收 藏 者】法國東波齋。

【尺　　度】通高 29、提梁兩端相距 25、腹寬 19 釐米。

【形制紋飾】橫截面呈橢圓形，子口內斂，外罩式蓋，上部有圈狀捉手，圓鼓腹，口沿下
　　　　　有一對半環鈕，套接圓雕龍頭提梁，圈足沿外撇。蓋面和腹部飾兩組粗
　　　　　綫獸面紋，蓋沿和頸部飾粗綫花冠回首夔龍紋，均以雲雷紋襯底，圈足
　　　　　飾兩周弦紋。

【著　　錄】東波齋 11。

【銘文字數】內底鑄銘文 45 字。

【銘文釋文】佳（唯）中（仲）義父于入（納）噩（鄂）厌（侯）于鰲鋷（城），徣（誕）兄臣于
　　　　　宋白（伯）。公鉰（姒）乎（呼）遳（疑）逆中（仲）氏于侃。丁卯，遳（疑）至告。
　　　　　鉰（姒）賓（賞）貝，瓤（揚）皇君休，用乍（作）父乙寶隩（尊）彝。

蓋

器

卣

0882. 肅卣

【時　　代】西周中期前段。

【出土時地】2005 年 1 月山西絳縣橫水鎮西周墓（M2.75）。

【收　藏　者】山西省考古研究所。

【尺　　度】通高 22 釐米。

【形制紋飾】橫截面呈橢圓形，子口內斂，下腹向外傾垂，高圈足，沿外撇，外罩式蓋，頂部有圈狀捉手，兩端有一對犄角，沿下折作束腰形。蓋面和器口沿下均飾兩道弦紋，口沿下前後增飾浮雕獏頭。

【著　　錄】文物 2014 年 1 期 51 頁圖 1。

【銘文字數】蓋、器同銘，各 66 字。

【銘文釋文】白（伯）氏易（錫）𩵾（肅）傻（僕）六家，曰："自奔（釋－擇）于庶人。"今乒（厥）傻（僕）我興，邑競（強）諫，鉏（咸）芟𡙕（隸）𦰶（籍）。大宮𢷎（請）王，卑（俾）𤔔弔（叔）、舀父、笈父复付𩵾（肅），曰："非令。"曰："乃兄𤶣（瞥－僭）鼻（畀）女（汝），害義。𢿙（敢）舀（承）令付（尚－賞）女（汝）。"𩵾（肅）有（佑）王于東征，付𩵾（肅）于成周。

【備　　注】器銘未公布。

蓋

0883. 臼冉卣(屮食卣)

【時　　代】西周早期。

【收　藏　者】海外某收藏家。

【尺　　度】通高43釐米。

【形制紋飾】橫截面呈橢圓形,直子口,鼓腹圓底,圈足下有一道邊圈,外罩式蓋,蓋面隆起,沿下折,頂部有花苞形鈕,頸部有一對小鈕,套接獸頭U形提梁,通體有四道扉棱。蓋面和器腹飾下卷角獸面紋,蓋沿、器口沿下及圈足均飾夔鳥紋,蓋沿和器口沿下前後增飾浮雕獸頭,通體不施底紋。

【著　　錄】未著錄。

【銘文字數】蓋鑄銘文2字,器鑄銘文70字。

【銘文釋文】蓋銘:屮(臼)食(冉)。器銘暫缺。

蓋

21. 方彝

（0884-0889）

0884. 戶方彝

【時　　代】商代晚期。

【出土時地】2012 年 6 月陝西寶雞市渭濱區石鼓鎮石嘴頭村石鼓山西周墓（M3.24）。

【收　藏　者】寶雞市渭濱區博物館。

【尺度重量】通高 63.7、口橫 35.4、口縱 23.5 釐米，重 35.55 公斤。

【形制紋飾】體呈長方形，侈口方唇，蓋面呈四坡屋頂形，中脊有屋頂形鈕，四脊各有一個高聳的"7"字形裝飾，下有短子口，直壁，長方形高圈足，下沿微外侈，通體有八道扉棱，頸部的扉棱上端各有一個圓雕掌形角獸頭。蓋面飾四組倒置的獸面紋，頸部及圈足均飾夔龍紋，四壁飾大獸面，均以雲雷紋襯底。

【著　　録】考古與文物 2013 年 1 期 21 頁圖 38.7。

【銘文字數】蓋、器同銘，各 1 字。

【銘文釋文】戶。

蓋

器

方彝

0885. 尭方彝（劓方彝）

【時　　代】商代晚期。

【收　藏　者】原藏日本田中澄江女士。

【尺度重量】通高 27.5、口橫 17.6、口縱 15 釐米，重 4.652 公斤。

【形制紋飾】長方體，直口直壁，平底，方圈足，蓋作四坡式屋頂形，頂部有四坡屋頂形方鈕，四壁中部及四角均鑄有扉棱。四壁上部以扉棱爲中心各飾一對夔龍紋，下部以扉棱爲鼻梁飾咧嘴獠牙的獸面紋，以夔龍爲獸角，兩旁填以倒置的夔龍，圈足飾一對張口卷尾的夔龍，蓋面飾四組倒置的曲折形夔龍角獸面紋，通體以雲雷紋襯底。

【著　　錄】未著錄。

【銘文字數】內底鑄銘文 1 字。

【銘文釋文】尭（嚳 - 劓）。

0886. 尹丞方彝

【時　　代】西周早期後段。

【收　藏　者】香港某收藏家。

【尺　　度】通高 31.5、口寬 15.7 釐米。

【形制紋飾】長方體,平底,口微侈,窄沿方
　　　　　唇,四壁向下漸有收分,方形高
　　　　　圈足微向外侈,四坡式屋頂形
　　　　　蓋,脊中部有一個四壁屋頂形
　　　　　鈕,通體有八道透雕扉棱。口
　　　　　沿下部和圈足均飾小鳥紋,四
　　　　　壁中部和蓋面均飾垂冠回首夔
　　　　　鳥紋,通體以雲雷紋襯底。

【著　　録】未著録。

【銘文字數】蓋、器同銘,各 2 字。

【銘文釋文】尹丞。

蓋

器

0887. 亞離辛方彝

【時　　代】商代晚期。

【出土時地】2012 年 9 月見於西安。

【收　藏　者】某收藏家。

【尺度重量】通高 20、口橫 11.1、口縱 7.5
　　　　　　釐米，重 1.39 公斤。

【形制紋飾】長方體，直口直壁，蓋作四坡
　　　　　　式屋頂形，頂部有四坡屋頂
　　　　　　鈕，四壁中部及四角均鑄有扉
　　　　　　棱，圈足與腹部無明顯分界，
　　　　　　圈足每面下部各有一個長方
　　　　　　缺口。四壁飾下卷角獸面紋，
　　　　　　口沿下飾夔鳥紋，圈足飾夔龍
　　　　　　紋，蓋面飾倒置的下卷角獸面
　　　　　　紋，均以雲雷紋襯底。

【著　　錄】未著録。

【銘文字數】蓋內鑄銘文 3 字。

【銘文釋文】亞隼（離）辛。

0888. 刀子不方彝

【時　　代】商代晚期。

【收　藏　者】某收藏家。

【形制紋飾】長方體,直口方唇,直壁向下微有收分,平底方圈足,圈足外壁與器壁平
　　　　　　直,四面下部各有一個門洞形缺口,蓋作四坡屋頂形,中脊有一個帽呈屋
　　　　　　頂形小鈕。蓋沿和器口下均飾小鳥紋,兩兩相對,器口下兩鳥之間增飾
　　　　　　浮雕虎頭,圈足飾垂冠回首小鳥紋,均以雲雷紋襯底。

【著　　録】未著録。

【銘文字數】蓋内鑄銘文 3 字。

【銘文釋文】刀子不。

0889. 子☒产方彝

【時　　代】商代晚期。

【出土時地】二十世紀明義士購藏。

【收 藏 者】原藏明義士,現藏加拿大多倫多皇家安大略博物館。

【尺　　度】通高21.5、口邊長11.2、底邊長9.9釐米。

【形制紋飾】長方體,直口,蓋作四坡式屋頂形,頂部有四坡屋頂鈕,四壁向下漸有收分,圈足四邊各有一個門洞形缺口。通體光素。

【著　　録】明藏264頁圖4.7。

【銘文字數】其內壁鑄銘文3字。

【銘文釋文】子☒产。

【備　　注】館藏號:ROM960.234.1。第二字或釋爲"單"。

22. 魟

（0890-0893）

0890. 者女觥（亞醜者女觥、亞醜諸母觥）

【時　　代】商代晚期。

【收 藏 者】海外某收藏家。

【形制紋飾】體呈橢方形，高圈足呈長方體，上小下大，曲口寬流槽，蓋作張口露齒獸形，獸角作卷曲夔龍，尾部飾獸面，獸角亦作卷曲夔龍，觥鋬上部飾夔龍角獸頭，下部作鳥翅和鳥足形。圈足和腹部各有八道扉棱，曲口之下有四道扉棱。頸部飾鳥紋，腹部飾曲折角獸面紋，圈足前後飾垂尾小鳥紋，兩側飾卷尾鳥紋，均以雲雷紋襯底。

【著　　錄】未著錄。

【銘文字數】蓋、器同銘，各9字。

【銘文釋文】亞醜，者（諸）女（母）吕（與）大（太）子阼（尊）彝。

蓋　　　　　　　　　　　器

0891. 郳公鞁父鴋

【時　　　代】春秋晚期。

【出土時地】2004 年出現在北京。

【收　藏　者】某收藏家。

【形制紋飾】整體呈大雁形，長頸屈曲，扁闊嘴，圓胸肥體，短尾蹼足，背上開有方形口，上置平蓋，以鏈條與尾下的環鈕相連。體兩側飾羽翅紋。

【著　　　錄】蟲書增圖 357。

【銘文字數】蓋內鑄鳥篆銘文 9 字（其中合文 1）。

【銘文釋文】鄡（郳）公鞁（鞍）父自鈫（作）商（？）宴兄（鴋）。

【備　　　注】復旦大學出土文獻與古文字中心網僅公布銘文摹本。

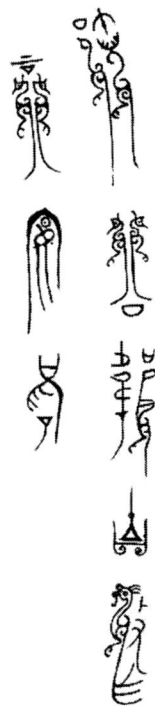

鴋

0892. 史此觥

【時　　　代】西周早期。

【收 藏 者】某收藏家。

【著　　　録】未著録。

【銘文字數】蓋内鑄銘文 24 字（其中合文 1）。

【銘文釋文】王既桒（禱）祐（于）成周（周），白（伯）甾父易（錫）史此貝五十朋，此用
乍（作）父乙寶隋（尊）彝。

【備　　　注】器形未提供。

蓋

0893. 陶觥

【時　　代】西周早期前段。

【出土時地】2012 年 9 月見於北京。

【收 藏 者】某收藏家。

【尺　　度】通高 28、通長 30.9、口徑 10 × 23.8、腹深 12.5 釐米。

【形制紋飾】橢圓體,曲口寬流,鼓腹,矮圈足,半環形牛首鋬,蓋的前端作龍首形,龍角豎起,兩旁有一對長耳(一耳殘),後部有小尾翹起,鋬下有垂珥。鋬飾雲雷紋,圈足飾兩道弦紋,腹部光素。

【著　　録】未著録。

【銘文字數】蓋、器同銘,各 40 字。

【銘文釋文】癸亥,小臣𦎫易(錫)白(伯)工王,乍(作)册殷友小夫麗(儷),易(錫)圭一、琦(璧)一、章(璋)五,阤(陶)用乍(作)上且(祖)癸隌(尊)彝。隹(唯)王口(曰)司册,才(在)九月。或。

蓋

器

23. 矗

（0894-0897）

0894. 亞戋罍（亞疑罍）

【時　　代】商代晚期。

【出土時地】1959年收購。

【收　藏　者】故宮博物院。

【尺度重量】器高25.4、寬22.1釐米，重3.98公斤。

【形制紋飾】直口高頸，溜肩，腹向下收成平底，肩部有一對獸首半環形耳。肩上飾浮
雕獸頭。肩部的夔龍紋和腹部的三角雲雷紋均係偽刻。

【著　　録】辨偽336頁圖252。

【銘文字數】雙耳內各鑄銘文2字。

【銘文釋文】亞戋（疑）。

0895. 𡉈父丁罍

【時　　代】西周早期。

【出土時地】2013年湖北隨州市曾都區淅河鎮蔣寨村葉家山（M111.109）。

【收　藏　者】湖北省文物考古研究所。

【尺　　度】通高41.2、口徑16.5釐米。

【形制紋飾】侈口束頸,平沿內折,廣肩斂腹,矮圈足,肩部有一對銜環牛首耳,下腹有一個牛首環鈕。頸部飾兩道弦紋,肩部飾六個浮雕圓渦紋。

【著　　録】葉家山136頁。

【銘文字數】頸內壁鑄銘文3字。

【銘文釋文】𡉈父丁。

【備　　注】“丁”字未照出。

0896. 亞徙父乙罍

【時　　代】商代晚期。

【出土時地】2012年6月陝西寶雞市渭濱區石鼓鎮石嘴頭村石鼓山西周墓（M3.19）。

【收　藏　者】寶雞市渭濱區博物館。

【尺度重量】殘高50、口徑18.2、足徑23.2釐米，重14.08公斤。

【形制紋飾】侈口束頸，溜肩斂腹，蓋面隆起，蓋鈕殘，肩上有一對銜環獸首耳，下腹有
　　　　　　一牛頭半環鈕，矮圈足外撇。蓋面飾四個浮雕圓渦紋，頸部飾兩道弦紋，
　　　　　　肩部飾六個圓渦紋，其下有一道凹弦紋。

【著　　録】考古與文物2013年1期21頁圖38.1（蓋），文物2013年2期49頁圖
　　　　　　69.2（器）。

【銘文字數】蓋、器同銘，各4字。

【銘文釋文】亞徙父乙。

罍

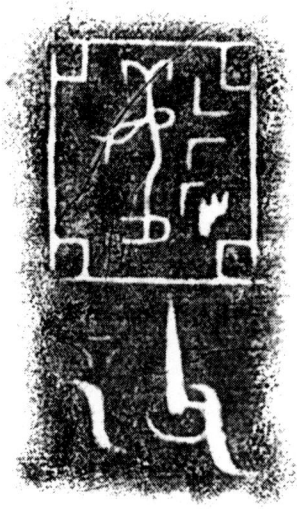

蓋　　　　　　　　　　器

0897. 冉罍（𠂤罍）

【時　　代】西周早期。

【收 藏 者】香港中華古美術公司。

【尺　　度】通高 35.5、寬 14.5、長 16.5
　　　　　　釐米。

【形制紋飾】橫截面呈長方形，直口平底，
　　　　　　長頸溜肩，深腹，四壁向下漸
　　　　　　有收分，覆斗形圈足，一對獸
　　　　　　首半環形耳，腹內側有一個牛
　　　　　　首半環形鈕，蓋呈四坡屋頂
　　　　　　形，上有蓋鈕，鈕帽亦作四坡
　　　　　　形。蓋沿和肩部飾浮雕圓渦
　　　　　　紋，頸部飾兩道弦紋。

【著　　錄】未著錄。

【銘文字數】內壁鑄銘文 4 字。

【銘文釋文】𠂤（冉）乍（作）宗彝。

24. 瓿

（0898-0899）

0898. 𠂤瓿

【時　　代】商代晚期。

【出土時地】2009 年河南安陽市殷墟王裕口村南地商代墓地（M70.2）。

【收　藏　者】中國社會科學院考古研究所。

【尺　　度】通高 21.4 釐米。

【形制紋飾】入葬前被砸擊，嚴重變形。平沿圓唇，鼓腹，高圈足。通體素面。

【著　　錄】考古 2012 年 12 期 38 頁圖 16.2。

【銘文字數】內底鑄銘文 1 字。

【銘文釋文】𠂤。

0899. 史父丁瓿

【時　　代】商代晚期。

【收　藏　者】某收藏家。

【尺　　度】通高 24、口徑 21.5 釐米。

【形制紋飾】侈口束頸,溜肩鼓腹,矮圈足,圈足上有三個方孔。肩部飾目雷紋,並有三個高浮雕羊首,腹部飾獸面紋,圈足飾雲雷紋。

【著　　録】未著録。

【銘文字數】内底鑄銘文 3 字。

【銘文釋文】史父丁。

25．镭

（0900）

0900. 京叔罍

【時　　代】西周晚期。

【收　藏　者】臺北震榮堂（陳鴻榮、王亞玲夫婦）。

【尺　　度】通高 33.5、腹徑 31 釐米。

【形制紋飾】侈口細長頸，廣肩斂腹，小平底，肩頸之間有一對絢索形小鈕。頸部飾一
　　　　　　周重環紋，肩部和腹部均飾環帶紋和重環紋各一周。

【著　　錄】金銅器 252 頁罍 01。

【銘文字數】口內壁鑄銘文 6 字。

【銘文釋文】京弔（叔）荳嬴朕（媵）罍。

【備　　注】“京叔”之後漏鑄“乍（作）”字。

26. 缶

（0901-0911）

0901. 曾侯乙缶（曾侯乙浴缶）

【時　　代】戰國早期。

【出土時地】1978 年湖北隨縣擂鼓墩（今隨州市曾都區）曾侯乙墓。

【收 藏 者】湖北省博物館。

【形制紋飾】直口方脣，短頸圓肩，下腹內斂，平底矮圈足，蓋沿直壁，罩住器口和器頸，蓋面內凹，上有圈形捉手，肩部有一對獸首環形耳，耳上各套一條提鏈。蓋飾浮雕圓渦紋和勾連雲紋，腹飾勾連雲紋、蟠螭紋和鳥首龍紋，圈足飾幾何紋，花紋鑲嵌綠松石。

【著　　錄】楚金 358 頁。

【銘文字數】肩部鑄銘文 6 字。

【銘文釋文】曾厌（侯）乙詐（作）峕（持）甬（用）。

【備　　注】圖像未公布。

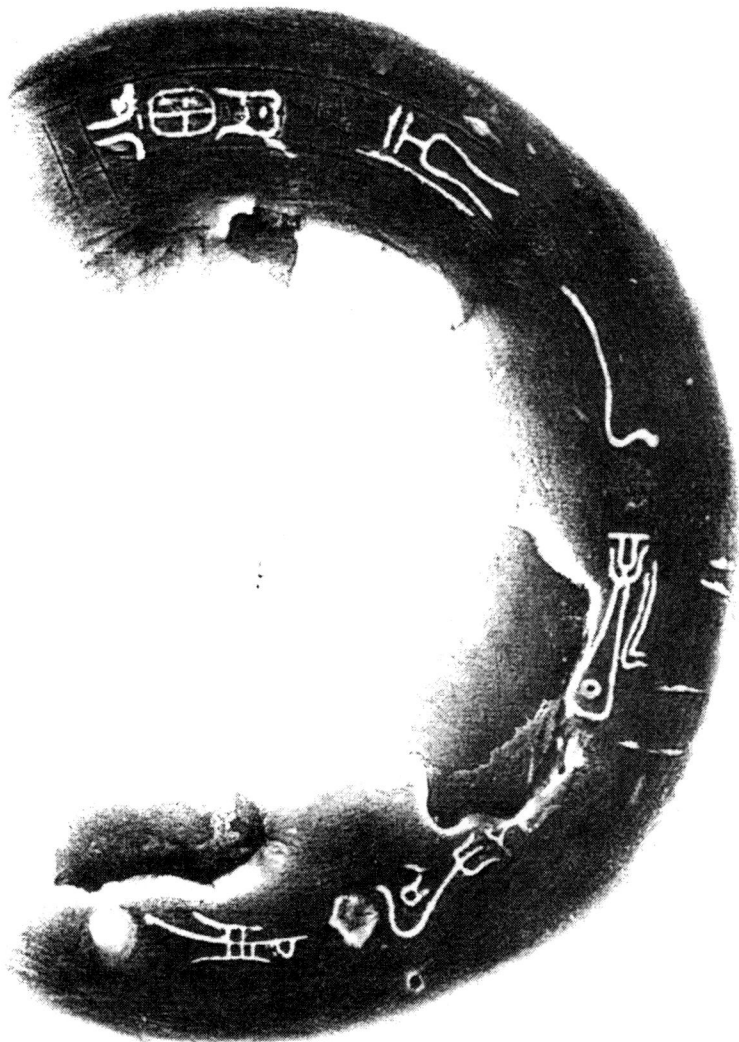

（原高 16.1 釐米）

缶

223

0902. 曾旨尹喬缶（曾旨尹𤣥缶）

【時　　代】春秋早期。

【出土時地】2013年湖北隨州市曾都區文峰塔曾國墓地（M61.11）。

【收 藏 者】湖北省文物考古研究所。

【形制紋飾】直口方脣，廣肩收腹，平底，矮圈足，肩上有一對獸首耳，外罩式蓋，蓋面隆起，上有輪形捉手，肩部有一道箍棱。蓋上飾四個圓形浮雕紋飾，上腹飾六個圓形浮雕紋飾。浮雕似爲蟠螭紋。

【著　　錄】考古2014年27頁圖26.1。

【銘文字數】器身鑄銘文7字。

【銘文釋文】曾旨尹𤣥（喬）之𣲍（沐）缶。

0903. 曾公子棄疾缶

【時　　代】春秋晚期。

【出土時地】2011 年 9 月湖北隨州市東城區義地崗春秋墓地（M6.5）。

【收 藏 者】隨州市博物館。

【尺度重量】通高 30.5、口徑 19.8、腹徑 38.2 釐米，重 11.09 公斤。

【形制紋飾】小口折沿，矮頸圓肩，斂腹平底，肩部有一對獸首銜鏈耳，鏈條由兩個圓
環和一個 8 字形環組成。外罩式蓋，平頂弧形下折。蓋面中央飾渦紋，
外圍飾一周重環紋，再向外飾蟠螭紋、絢索紋以及兩周雲雷紋，蓋沿飾一
周浮雕圓渦紋，間隔以蟠螭紋，肩部飾蟠螭紋，上腹飾蟠螭紋和浮雕圓渦
紋，相互間隔。

【著　　錄】江漢考古 2012 年 3 期 17 頁拓片六。

【銘文字數】蓋、器同銘，各 8 字。

【銘文釋文】曾公子厺（棄）疾之行缶。

蓋1

蓋2

器 1

器 2

缶

0904. 曾侯丙缶

【時　　代】戰國中期。

【出土時地】2013年湖北隨州市曾都區文峰塔曾國墓地（M18.2）。

【收　藏　者】湖北省文物考古研究所。

【形制紋飾】橫截面呈橢方形，直口方唇，溜肩平底，腹部呈圓弧形收斂，矮方圈足，肩上有一對龍首銜環耳，外罩式蓋，上有四個圓環鈕。通體飾菱形紋。

【著　　錄】考古2014年27頁圖26.2、3。

【銘文字數】兩龍耳各鑄銘文7字，蓋內10字。

【銘文釋文】耳銘：曾厌（侯）辻（沐）缶硤吕（以）爲。蓋銘：曾厌（侯）丙辻（沐）缶硤吕（以）爲長事。

蓋   耳

缶

229

0905. 王子名缶（王孫貨缶）

【時　　代】春秋晚期。

【收　藏　者】某收藏家。

【尺　　度】通高 39.5、口徑 21.2 釐米。

【形制紋飾】直口方唇，廣肩收腹，平底，矮圈足僅高 0.5 釐米，肩上有一對獸首耳，外罩式蓋，蓋面隆起，上有七柱輪形捉手。捉手上飾一圈絢紋，捉手內飾圓渦紋，蓋面飾浮雕圓渦紋與蟠螭紋，相互間隔；器肩和下腹均飾蟠螭紋，上腹飾有八個圓餅，餅中心亦飾圓渦紋，中圈爲重環紋，外圈飾麥穗紋。

【著　　録】未著録。

【銘文字數】器肩刻銘文 19 字，蓋面鑄銘文 6 字。

【銘文釋文】器銘：［隹（唯）］八月丁酉，王子名乍（作）沚（沐）缶，子孫用之，菫徣（道）鑿（鑄）□。蓋銘：王孫貨之沚（沐）缶。

盖

器 1

器 2

器 3

器 4

缶

器 5　　　　　　　　　　　　器 6

0906. 黃子婁缶甲

【時　　代】春秋晚期。

【收藏者】海外某收藏家。

【尺　　度】通高 37、兩耳相距 49 釐米。

【形制紋飾】直口方唇,短頸圓肩,平底內凹,矮圈足,鉢形外罩式蓋,蓋面有輪形捉
　　　　　手,肩部有一對獸首環形耳。肩腹之間以及上腹和下腹之間各有一道箍
　　　　　棱; 蓋面和上腹飾浮雕圓餅紋和蟠虺紋,蓋沿和肩部飾蟠虺紋。

【著　　録】未著錄。

【銘文字數】蓋、器同銘,各 27 字。

【銘文釋文】隹(唯)正月初吉丁亥,黃子婁霏(擇)其吉金,台(以)乍(作)其妻弔(叔)
　　　　　嬭(芈)女(母)賓缶,永保用之。

【備　　注】蓋銘未提供。

器

0907. 黃子婁缶乙

【時　　代】春秋晚期。

【收 藏 者】某收藏家。

【形制紋飾】失蓋。直口高領,圓肩斂腹,小平底,肩部有一對獸首耳,肩下部和腹下部各有一道箍棱。肩部和下腹飾蟠螭紋,上腹飾浮雕重圈紋,其間填以螭龍。

【著　　録】未著録。

【銘文字數】肩部有銘文 29 字。

【銘文釋文】隹(唯)正月初吉丁亥,黃子婁罪(擇)其吉金,台(以)乍(作)其妻其嬴女(母)飤鍩(缶),子孫永保用之。

缶

237

1   2

3   4

缶

0908. 黃子戍缶（黃子戍浴缶）

【時　　代】春秋晚期。

【收藏者】海外某收藏家。

【尺度重量】通高 41、口徑 23、腹徑 43 釐米，重 18 公斤。

【形制紋飾】直口方唇，短頸圓肩，平底內凹，矮圈足，鉢形外罩式蓋，蓋面有六柱輪形
　　　　　　捉手，肩部有一對獸首耳。蓋頂飾蟠虺紋，捉手以外飾浮雕絢索圓餅紋
　　　　　　和 S 形蟠龍紋，肩腹之間飾兩周蟠龍紋，上下皆以凸棱絢索紋爲間隔，中
　　　　　　間的凸棱上分佈着十二個浮雕絢索圓餅紋。

【著　　録】未著録。

【銘文字數】蓋、器同銘，各 30 字。

【銘文釋文】隹（唯）王正月元日丁亥，黃子戍羃（擇）其吉金，自乍（作）浴缶，其釁（眉）
　　　　　　壽（壽）無諆（期），子孫永保用之。

【備　　注】器銘未提供。

蓋

0909. 昭王之即缶

【時　　代】戰國早期·楚。

【收　藏　者】某收藏家。

【形制紋飾】口微侈，窄平沿，長頸溜肩，斂腹，平底假圈足，肩部有一對環鈕和一對貫耳。蓋面隆起，窄沿，蓋上有四個環鈕。腹部飾四個圓渦紋。

【著　　錄】未著錄。

【銘文字數】頸肩部有銘文 33 字。

【銘文釋文】隹（唯）正盅（孟）箁（春）吉日隹（唯）庚，卲（昭）王之即鼍（擇）乎（厥）吉金，乍（作）煛（鑄）隡（尊）缶，箁（春）瀞（秋）龏（恭）祟（嘗），羕（永）用之。□□齂（眉）薈（壽）無疆。

【備　　注】同坑出土一對，形制、紋飾、銘文相同，大小相若。

缶

0910. 諻旟缶甲

【時　　代】春秋晚期。

【收 藏 者】某收藏家。

【尺　　度】通高 45、腹徑 35 釐米。

【形制紋飾】口微侈，窄薄沿，長頸，溜肩斂腹，平底圈足，肩下有四個獸首耳，兩兩相
　　　　　對。內插式蓋，蓋面弧形鼓起，有窄口沿，蓋面設四個豎環鈕，鈕上有"丫"
　　　　　形突起。腹部飾兩道蟠螭紋帶。

【著　　録】未著録。

【銘文字數】蓋內鑄銘文 36 字（其中合文 1）。

【銘文釋文】隹（唯）正八月晨（辰）哉（在）乙丑，郘君雕（雍）子諻旟，羃（擇）餚（乒—
　　　　　厥）吉金，自乍（作）尊缶，㠯（以）遊（祈）釁（眉）壽（壽），綵土是保，孫＝（子
　　　　　孫）永保用之。

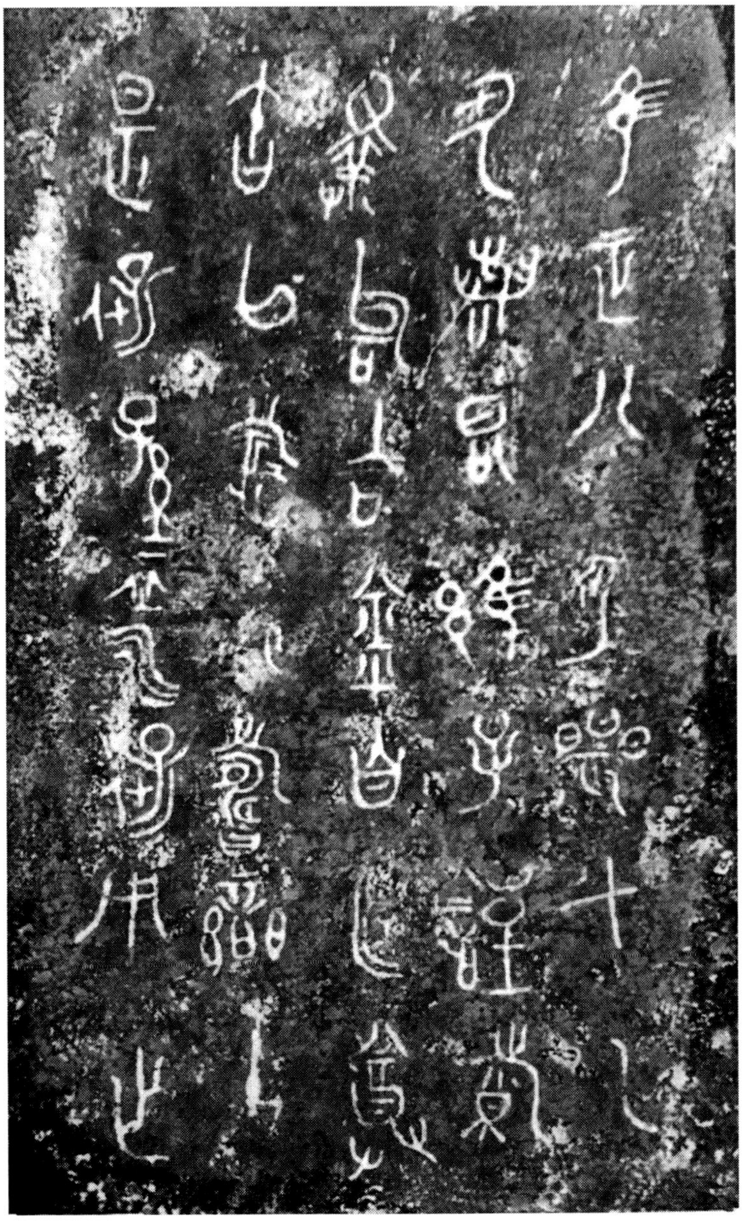

缶

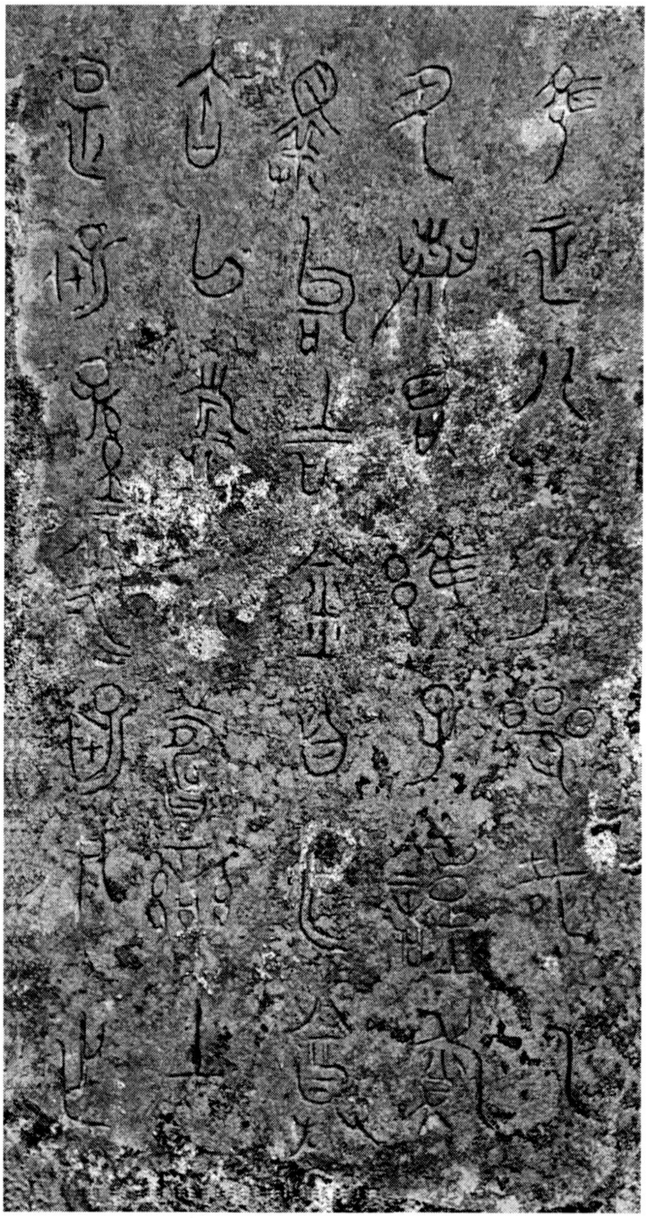

0911. 諲旟缶乙

【時　　代】春秋晚期。

【收 藏 者】某收藏家。

【尺　　度】通高 45、腹徑 35 釐米。

【著　　録】未著録。

【銘文字數】蓋内鑄銘文 36 字（其中合文 1）。

【銘文釋文】隹（唯）正八月晨（辰）哉（在）乙丑，都君雕（雍）子諲旟，羃（擇）舔（肁 – 厥）
　　　　　吉金，自乍（作）尊缶，吕（以）遊（祈）覺（眉）嘼（壽），綴土是保，孫=（子孫）
　　　　　永保用之。

【備　　注】藏家未提供器形照片和器銘照片。

27. 斗

（0912-0914）

0912. 黃子戌斗

【時　　代】春秋晚期。

【收　藏　者】海外某收藏家。

【尺　　度】通長 31 釐米。

【形制紋飾】斂口鼓腹,窄沿方唇,圜底,一側有乙字形筒狀柄,上部有銅梁與斗頸相連,口部有突起箍棱加固,鋬孔可裝木柄。通體光素。

【著　　錄】未著錄。

【銘文字數】肩部鑄銘文 6 字。

【銘文釋文】黃子戌之盥斗。

斗

0913. 曾公子棄疾斗

【時　　代】春秋晚期。

【出土時地】2011 年 9 月湖北隨州市東城區義地崗春秋墓地（M6.4）。

【收　藏　者】隨州市博物館。

【尺度重量】通長 25.6、口徑 16.6、腹深 7.8、柄長 11.2、柄銎徑 2.7 × 2.8 釐米，重 0.755 公斤。

【形制紋飾】圓口內斂，窄沿方唇，圓腹圜底，腹一側有八棱形曲柄，斜向上伸，後部有對穿釘孔，銎口有一道箍棱用以加固，柄中空內殘留朽木。斗勺腹部飾蟠虺紋，柄前部飾獸面紋。

【著　　錄】江漢考古 2012 年 3 期 18 頁圖 10、19 頁拓片七。

【銘文字數】內底鑄銘文 8 字。

【銘文釋文】曾公子厹（棄）疾之辻（沐）斗。

0914. 卅年工師韓勺

【時　　代】戰國晚期·秦（昭襄王卅年，前267年）。

【收 藏 者】香港某收藏家。

【尺　　度】通長50釐米左右。

【形制紋飾】勺首和柄前端爲銀質。勺首呈桃形，直口圜底。柄扁平而長，後部爲青
銅質，前窄後寬，通體鎏金，後端作鏤空爬行龍紋，龍尾之後有圓形圖案，
其間有一周連珠紋，龍尾旁鑲嵌一款長方玉飾，已脫落，龍頭前方鑲嵌雕
刻有相背龍紋的白玉飾。爬龍的背面有三個水滴形凹槽，其中分別鑲嵌
六、七、八個圓形玉片。

【著　　録】未著録。

【銘文字數】柄正面刻銘文2字，背面10字。

【銘文釋文】正面：王侯（？）；背面：卅年工帀（師）韓、工喜，重六兩。

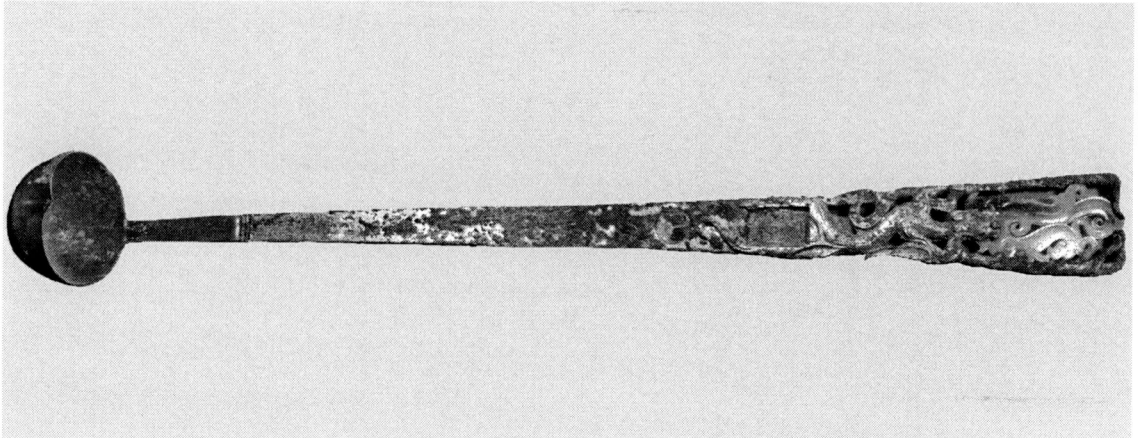

正面

背面

正面銘（放大）

背面銘（放大）

斗

28. 盤

（0915–0952）

0915. 兟父丁盤

【時　　代】商代晚期。

【收藏者】海外某收藏家。

【尺　　度】通高 13、口徑 35.8
　　　　　　釐米。

【形制紋飾】敞口淺盤，窄沿收腹，
　　　　　　高圈足，沿外侈然後下
　　　　　　折。腹部飾雲雷紋組
　　　　　　成的獸面紋，前後增飾
　　　　　　浮雕小獸頭，圈足飾 T
　　　　　　字形角的獸面紋，闊口獠牙。

【著　　錄】未著錄。

【銘文字數】內底鑄銘文 3 字。

【銘文釋文】兟父丁。

0916. 射婦詧盤（原稱藻盤）

【時　　代】商代晚期。

【收藏者】不明。

【著　　錄】攈古 1 之 2.79。

【銘文字數】內底鑄銘文 3 字。

【銘文釋文】射詧（詧）婦。

【備　　注】銘文應讀爲“射婦詧”。此盤《集成》失收。《攈古》將銘文倒置。

0917. 旅盤鋻盤

【時　　代】西周中期。

【收　藏　者】臺北震榮堂（陳鴻榮、王亞玲夫婦）。

【尺度重量】通高 10、兩耳相距 38 釐米。

【形制紋飾】敞口斂腹，窄沿方唇，底部近平，一對附耳略高出盤口，矮圈足沿外侈。腹部飾飄冠尾上卷的長鳥紋。

【著　　録】金銅器 260 頁盤 04。

【銘文字數】内底鑄銘文 3 字。

【銘文釋文】旅般（盤）焚（鋻）。

0918. 曾侯盤

【時　　代】西周早期。

【出土時地】2013 年湖北隨州市曾都區淅河鎮蔣寨村葉家山（M111.119）。

【收 藏 者】湖北省文物考古研究所。

【尺　　度】通高 11、口徑 30 釐米。

【形制紋飾】敞口淺腹，窄沿方唇，底部呈弧形。頸部及圈足均飾三列雲雷紋組成的獸面紋帶。

【著　　錄】葉家山 131 頁。

【銘文字數】內底鑄銘文 4 字。

【銘文釋文】𩫆（曾）医（侯）用彝。

盤

261

0919. 作寶尊彝盤

【時　　代】西周中期前段。

【出土時地】上世紀 60-70 年代在蚌埠市廢品站揀選。

【收　藏　者】阜陽市博物館。

【形制紋飾】殘破，僅存底部。

【著　　錄】安徽銘文 16 頁圖 7.1。

【銘文字數】內底鑄銘文 4 字。

【銘文釋文】乍（作）寶陜（尊）彝。

【備　　注】圖像未公布。

0920. 山盤

【時　　　代】西周中期前段。

【收 藏 者】某收藏家。

【形制紋飾】敞口淺腹,一對附耳與
盤沿平齊,腹部圜收成
平底,其下有圈足。腹
部飾垂冠回首的夔鳥
紋,以雲雷紋襯底。

【著　　　録】未著録。

【銘文字數】內底鑄銘文 4 字。

【銘文釋文】山乍(作)寶般(盤)。

【備　　　注】同坑出土兩件伯賓父
簋、一件山盤和一件山匜,因盤無單獨照片,故用四件器物合照。

0921. 壽盤

【時　　代】春秋晚期。

【出土時地】河南南陽市物資城春秋墓葬。

【收　藏　者】南陽市文物考古研究所。

【著　　録】文物報 2012 年 12 月 7 日 6 版圖 3。

【銘文字數】內底鑄銘文 4 字。

【銘文釋文】嗇（壽）之𦼔（滕－浣）盤。

【備　　注】圖像未公布。

0922. 曲臣□癸盤

【時　　代】商代晚期。

【出土時地】2012 年 6 月陕西寶雞市渭濱區石鼓鎮石嘴頭村石鼓山西周墓(M3.31)。

【收 藏 者】寶雞市渭濱區博物館。

【尺度重量】通高 13.6、口徑 36.6、圈足徑 20 釐米,重 3.8 公斤。

【形制紋飾】敞口,窄平沿,腹部圜收,底部微弧,高圈足。口沿下飾三組紋飾,每組有一個浮雕獸頭,兩側各有兩隻夔鳥紋,上下以連珠紋鑲邊; 圈足亦飾三組夔鳥紋,形體與口沿下的夔鳥略有變化。

【著　　録】考古與文物 2013 年 1 期 21 頁圖 38.5。

【銘文字數】内底鑄銘文 4 字。

【銘文釋文】曲臣□癸。

【備　　注】"臣"字倒置,似"目"字,但從同墓出土的曲臣□父癸爵可知爲"臣"字。

0923. 作封從彝盤（作㓞伀彝盤）

【時　　代】西周早期。
【出土時地】1931 年山東益都縣（今青州市）蘇埠屯
　　　　　　西周墓葬。
【收　藏　者】原藏益都縣民衆教育館。
【著　　錄】蘇埠屯 23 頁 b。
【銘文字數】內底鑄銘文 4 字。
【銘文釋文】乍（作）㓞（封）伀（從）彝。

0924. 倗姬盤

【時　　代】西周中期前段。
【出土時地】2004-2007 年山西絳縣橫水鎮橫北村西周墓地
　　　　　　（M2158.85）。
【收　藏　者】山西省考古研究所。
【著　　錄】論衡 94 頁圖 4。
【銘文字數】內底鑄銘文 5 字。
【銘文釋文】倗姬乍（作）寶盤。

0925. 虢仲盤

【時　　代】春秋早期。

【出土時地】1993 年河南三門峽市湖濱區上村嶺虢國墓地（M2009）。

【收 藏 者】三門峽市虢國博物館。

【尺度重量】通高 14.5、口徑 40.8、腹深 5.8 釐米，重 5.88 公斤。

【形制紋飾】直口窄沿，底部近平，束腰高圈足。盤壁飾大小相間的重環紋，圈足上部
　　　　　　飾垂鱗紋，下部飾環帶紋。

【著　　録】收藏界 2016 年 1 期 129 頁圖 3。

【銘文字數】內底鑄銘文 5 字。

【銘文釋文】虢中（仲）乍（作）旅般（盤）。

0926. 疸多盤

【時　　代】春秋晚期。

【出土時地】2013 年湖北隨州市曾都區文峰塔曾國墓地（M36.15）。

【收　藏　者】湖北省文物考古研究所。

【著　　錄】考古 2014 年 28 頁圖 31.2。

【銘文字數】內底鑄銘文 5 字。

【銘文釋文】疸多之行盤。

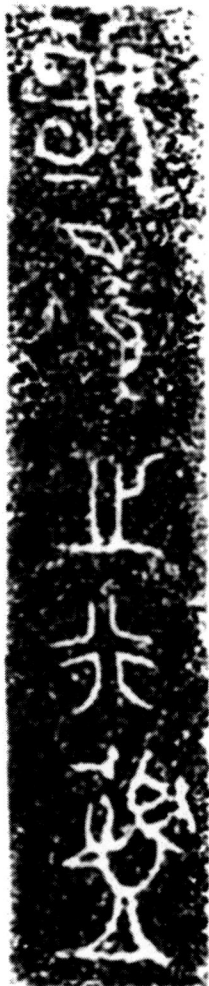

0927. 曾侯諫盤

【時　　代】西周早期。

【出土時地】2013 年湖北隨州市曾都區淅河鎮蔣寨村葉家山（M28.163）。

【收 藏 者】湖北省文物考古研究所。

【尺度重量】通高 14.8、口徑 33.6、腹深 7.5 釐米，重 4.485 公斤。

【形制紋飾】敞口淺腹，窄沿方唇，腹部收斂，圈足甚高，沿下折形成一道邊圈，腹兩側
有一對斜出的附耳。兩耳飾雲紋，腹飾臥牛紋，前後增飾浮雕獸頭，圈足
飾蟬紋，均以雲雷紋襯底。

【著　　錄】江漢考古 2013 年 4 期 36 頁拓片 18。

【銘文字數】內底鑄銘文 6 字。

【銘文釋文】曾（曾）厌（侯）諫乍（作）寶彝。

盤

0928. 伯享父盤

【時　　代】西周中期。

【出土時地】2012年9月見於西安。

【收　藏　者】某收藏家。

【尺度重量】通高11.6、兩耳相距
　　　　　　45.4、口徑39.6、腹深
　　　　　　7.5釐米,重4.4公斤。

【形制紋飾】敞口淺腹,窄平沿,底
　　　　　　部近平,腹兩側有一
　　　　　　對附耳,高出盤口,圈
　　　　　　足沿下折,形成一道邊
　　圈。腹部飾四組垂冠回首尾上卷的夔龍紋,以雲雷紋襯底,圈足飾一道
　　弦紋,兩耳內外皆飾鱗紋,外底有斜方格加强筋,拐角處遺留有範土,腹
　　部可見部分墊片。

【著　　　録】未著録。

【銘文字數】內底鑄銘文6字。

【銘文釋文】白(伯)亯(享)父,乍(作)寶般(盤)。

【備　　　注】同坑出土的有伯享父盉,爲一套盥洗器。

0929. 侯氏盤

【時　　代】西周晚期。

【收 藏 者】某收藏家。

【形制紋飾】敞口，窄沿方唇，淺腹，腹部圓收，底部近平，一對附耳高出器口。腹部飾
　　　　　　大小相間的重環紋，圈足飾垂鱗紋。

【著　　錄】未著錄。

【銘文字數】內底鑄銘文 6 字。

【銘文釋文】厌（侯）氏乍（作）𪊽（虞）姬般（盤）。

【備　　注】出土時侯氏匜放在盤內，爲一套盥洗器。

盤

0930. 進盤

【時　　代】西周早期前段。

【收　藏　者】某收藏家。

【出土時地】傳出山西。

【尺　　度】通高 11、口徑 31 釐米。

【形制紋飾】敞口，平折沿，斂腹，底部近平，高圈足沿外撇。腹部飾一周雲雷紋，前後增飾浮雕獸頭。

【著　　錄】未著錄。

【銘文字數】内底鑄銘文 7 字。

【銘文釋文】進乍（作）金婦隋（尊）彝，龔。

【備　　注】出土時與子父乙盉放在一起，當爲一套盥洗器。

0931. 君裇盤（甫以公盤）

【時　　代】戰國晚期·楚。

【出土時地】1933 年安徽壽縣朱家
集李三孤堆（今屬長豐
縣朱集鄉）楚王墓。

【收 藏 者】安徽博物院。

【尺度重量】殘高 7、口徑 42 釐米，
重 4.48 公斤。

【形制紋飾】直口圓唇，淺腹圓底，
腹部有四個對稱的小
鈕，其中有一對銜環。腹部飾蟠螭紋，其下有一道箍棱。

【著　　錄】安徽銘文 186 頁圖 159.1。

【銘文字數】內底鑄銘文 8 字。

【銘文釋文】甫（？郁）吕（以）公君裇之［盥］盪（盤）。

【備　　注】第一字是否爲"甫"，待考。

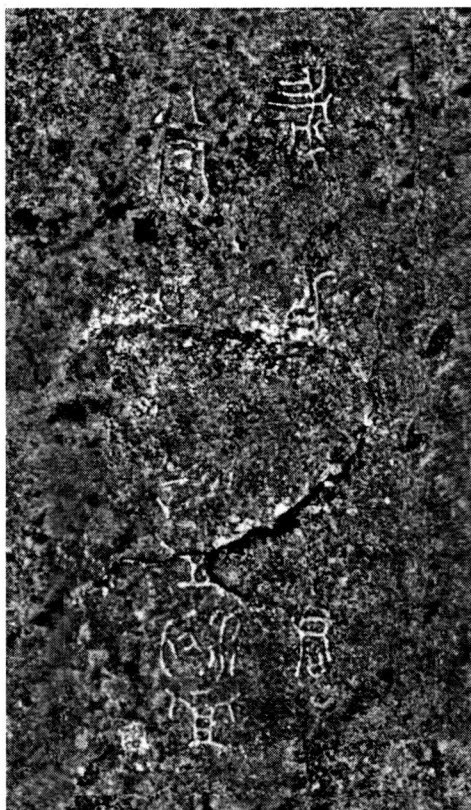

0932. 歸父盤

【時　　代】春秋晚期。

【收　藏　者】某收藏家。

【尺度重量】通高 19.9、口徑 43.8、兩耳相距 56.3 釐米。

【形制紋飾】敞口淺盤,窄沿外折,腹部有一對乙字形附耳,平底下置三條蹄足,耳内、
　　　　　足底殘存範土,紋飾間及外底範綫清晰。兩耳和腹部均飾蟠螭紋。

【著　　録】未著録。

【銘文字數】内底鑄銘文 12 字。

【銘文釋文】隹(唯)王八月丁亥,齊大(太)宰遍(歸)父霝。

【備　　注】銘文爲銹所掩蓋,由 X 光片得知,與上海博物館藏歸父盤殘底相較銘文
　　　　　缺鑄 12 字。

（X光片，縮小）

盤

0933. 彭生盤

【時　　代】西周早期。

【著　　録】未著録。

【銘文字數】內底鑄銘文 13 字。

【銘文釋文】彭生乍（作）乓（厥）文考日辛寶隫（尊）彝，☉（先）册。

0934. 曾子叔薦盤

【時　　代】春秋晚期前段。
【收 藏 者】某收藏家。
【形制紋飾】直口淺腹,窄沿方唇,底部平坦,下有三小足,一對環耳。
【著　　録】未著録。
【銘文字數】內底鑄銘文 13 字。
【銘文釋文】曾子弔(叔)薦自乍(作)䜌盤,其永寶用之。

0935. 茈孟姬盤

【時　　代】西周晚期。

【出土時地】2014 年 11 月出現在北京。

【收　藏　者】某收藏家。

【形制紋飾】敞口坦底，窄平沿，一對龍首半環形耳，圈足沿外侈，連鑄三條獸面足。腹部和圈足均飾竊曲紋。

【著　　錄】未著錄。

【銘文字數】內底鑄銘文 14 字（其中重文 2）。

【銘文釋文】茈孟姬乍（作）寶般（盤），其子＝（子子）孫＝（孫孫）永寶用。

0936. 季大盤

【時　　代】春秋早期·吴。

【收 藏 者】某收藏家。

【形制紋飾】直口,窄沿方唇,斂腹坦底,一對附耳高聳,鏤空鱗紋圈足,沿下折。腹部飾變形夔龍紋,不施底紋;內底飾兩圈浮雕魚紋,內圈七條,外圈十三條,同向而游。

【著　　録】未著録。

【銘文字數】內底中部鑄銘文 14 字。

【銘文釋文】季大乍(作)其般(盤)也(匜),釁(眉)耆(壽)無彊(疆),永寶用之。

【備　　注】與吳季大鼎、甗、簠、匜等同坑出土,據說還有一件扁壺。

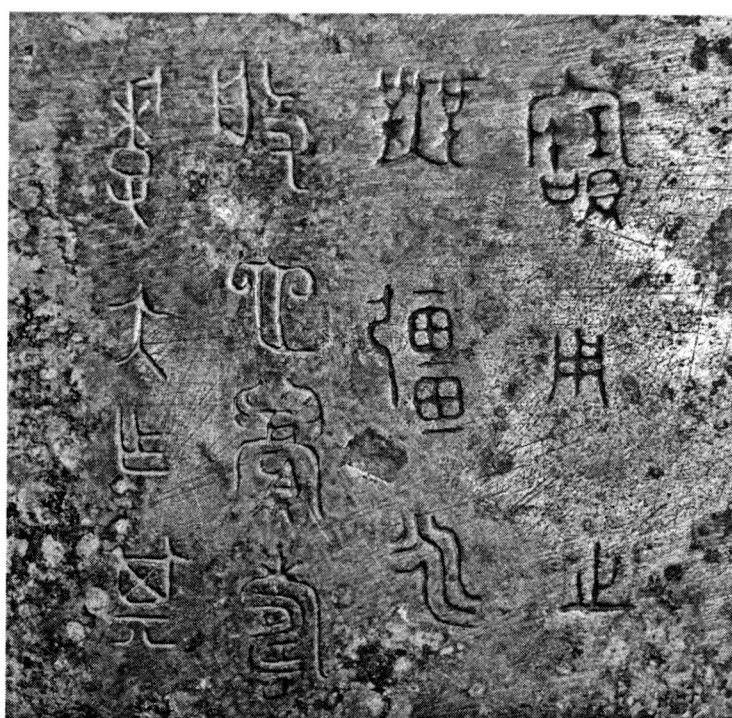

0937. 克盤

【時　　　代】西周中期前段。

【收　藏　者】某收藏家。

【形制紋飾】敞口坦底，窄沿方唇，腹部有一對 U 形附耳，圈足較高。頸部飾八隻飄冠
　　　　　卷尾長鳥紋，下部有一道弦紋，前後增飾浮雕獸頭，圈足飾兩組四隻夔龍
　　　　　紋，均以雲雷紋襯底。

【著　　　錄】未著錄。

【銘文字數】內底鑄銘文 15 字。

【銘文釋文】克乍（作）絮（禦）王百㼱（刕－朸）日辛卣（卣）䍃寶隮（尊）彝，弔（叔）龜。

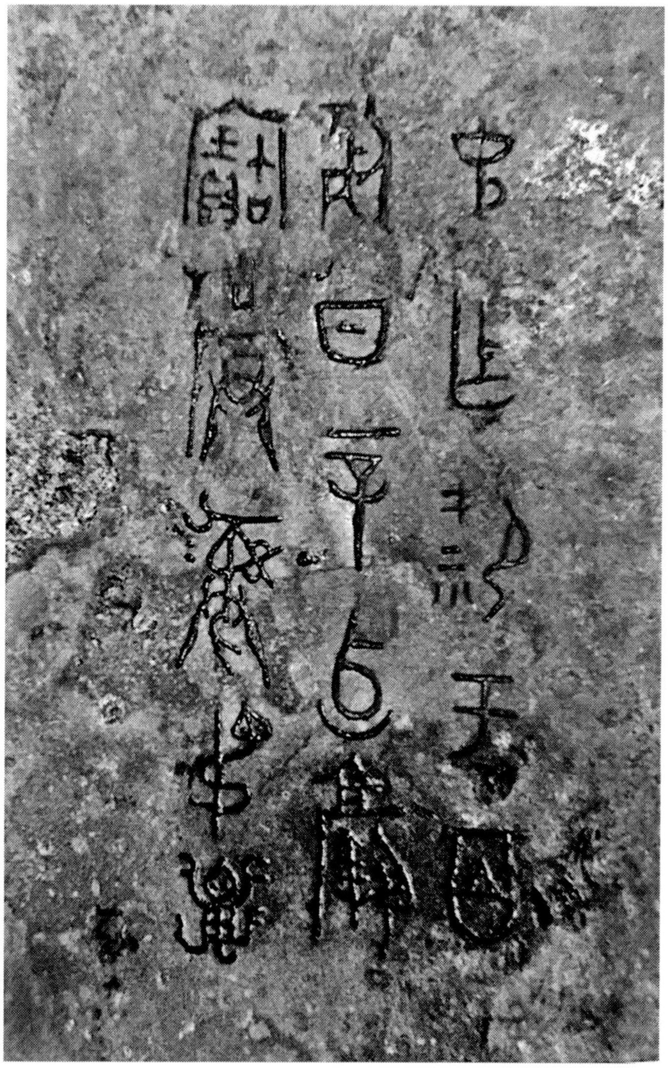

0938. 來鱿盤

【時　　代】西周中期。

【出土時地】2012 年 9 月見於西安。

【收 藏 者】某收藏家。

【尺　　度】通高 13.5、兩耳相距 41、口徑 35.3、腹深 6.8 釐米。

【形制紋飾】敞口淺盤，窄沿方唇，腹部收斂，底部近平，圈足沿外侈，一對龍形耳，龍
作卷唇人目，睫毛清晰，鼻梁突起，龍角作相背的一對勾喙立鳥。龍身飾
雲雷紋，器腹飾變形夔龍紋，以雲雷紋襯底，圈足飾重環紋。

【著　　錄】未著錄。

【銘文字數】內底鑄銘文 20 字。

【銘文釋文】奠（鄭）白（伯）大小臣來虞（鱿）乍（作）般（盤）也（匜），甘（其）臂（眉）耆（壽）
萬年無彊（疆），永寶用。

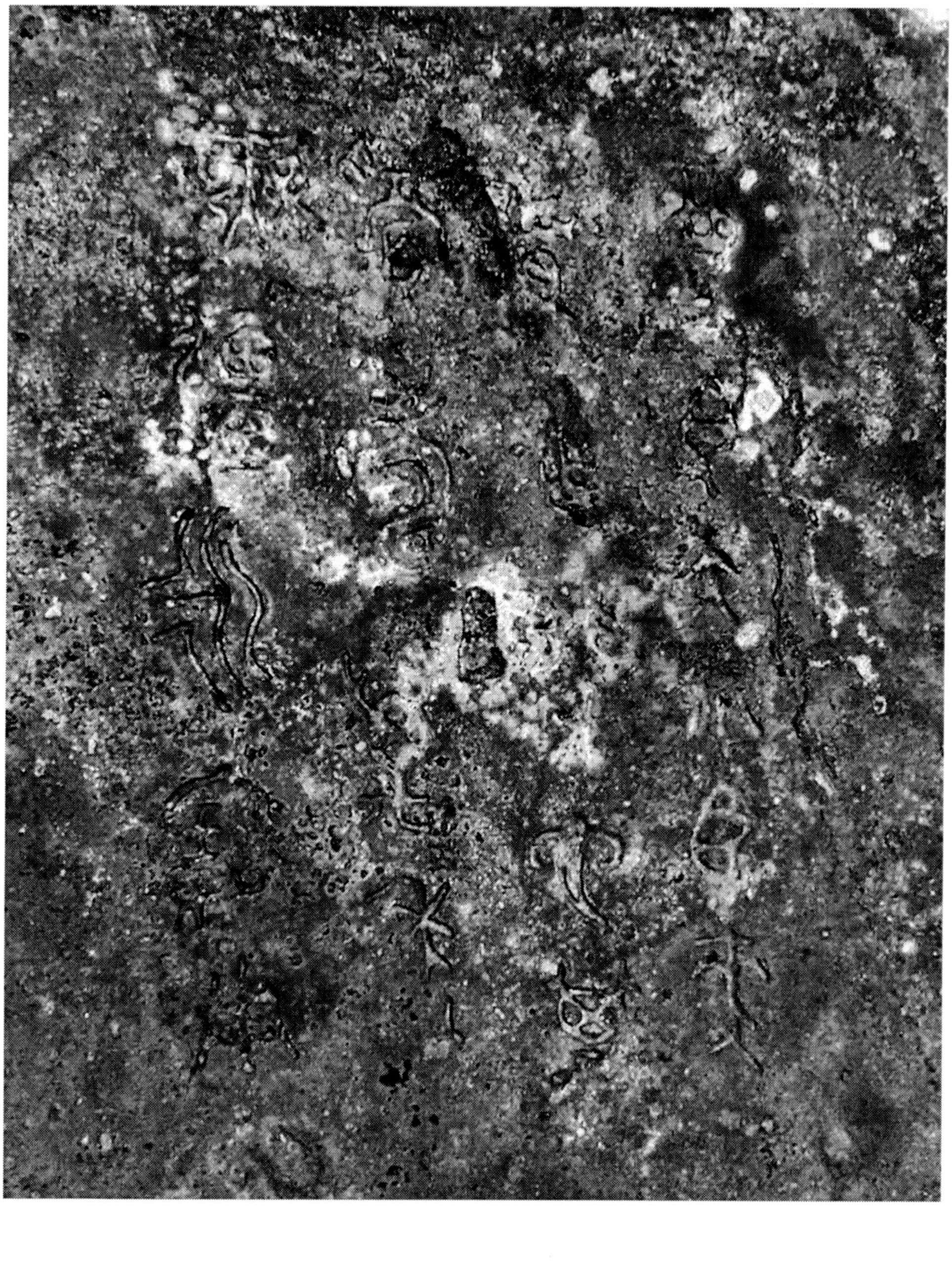

0939. 芮伯盤

【時　　代】西周中期前段。

【出土時地】2004-2007 年山西絳縣橫水鎮橫北村西周墓地（M2158.84）。

【收 藏 者】山西省考古研究所。

【著　　錄】論衡 94 頁圖 3。

【銘文字數】內底鑄銘文 21 字。

【銘文釋文】內（芮）白（伯）捧（拜）頴（稽）首，叡（敢）乍（作）王姊般（盤），才（其）眔
　　　　　　倗白（伯）邁（萬）年，用卿（饗）王逆洀（覆）。

【備　　注】同出的還有芮伯盂 1 件，芮伯簋 2 件。

盤

0940. 芮盤

【時　　代】西周晚期。

【收 藏 者】某收藏家。

【尺　　度】通高 15、口徑 37.7、兩耳相距 41.1、腹深 8.2 釐米。

【形制紋飾】敞口坦底，窄沿方唇，一對附耳高出盤口，圈足沿外侈。盤腹飾兩周重環紋。

【著　　録】未著録。

【銘文字數】內底鑄銘文 21 字（其中重文 1）。

【銘文釋文】隹（唯）五月初吉丁亥，芮（芮）乍（作）旅般（盤）鉈（匜），哎（其）萬年子=（子子）孫永寶用。

【備　　注】與芮匜爲一套盥洗器。

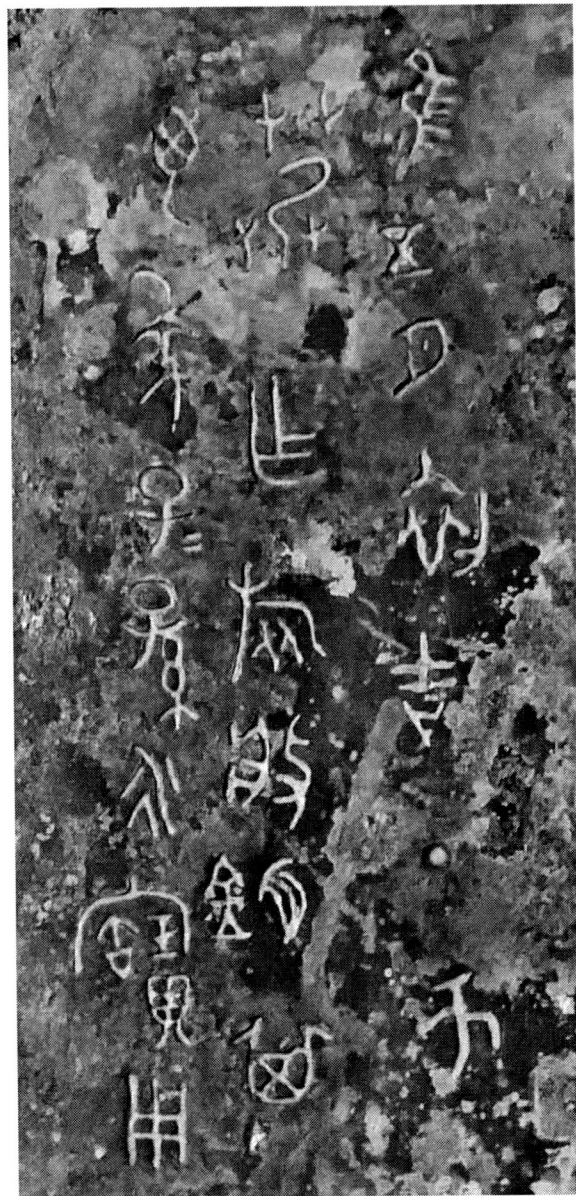

盤

287

0941. 郭伯盤

【時　　代】春秋早期。

【出土時地】2014年湖北棗陽縣郭家廟曹門灣曾國墓地（M22）。

【收　藏　者】湖北省文物考古研究所。

【形制紋飾】口微斂，窄沿方唇，腹部圜收，一對附耳高出器口，坦底，圈足沿外侈，下
有三個小足。頸腹飾變形夔龍紋，圈足飾垂鱗紋，耳兩面均飾重環紋。

【著　　錄】江漢考古2015年3期10頁圖版22。

【銘文字數】內底鑄銘文21字。

【銘文釋文】隹（唯）郭白（伯）貝□自用其萬年，子孫永寶般（盤），自乍（作）寶永用宣
（享）。

盤

0942. 曾侯宩盤

【時　　代】春秋早期。

【收　藏　者】某收藏家。

【形制紋飾】敞口淺盤,窄沿方唇,腹部有一對乙字形附耳,平底下置三條蹄足。兩耳和腹部均飾蟠虺紋。

【著　　録】未著録。

【銘文字數】内底鑄銘文 22 字。

【銘文釋文】隹(唯)王五月吉日庚申,曾厌(侯)宩翚(擇)甘(其)吉金,自乍(作)盥般(盤),永用之。

【備　　注】同出有一匜,銘文相同,銘文資料未公布。

盤

0943. 郏仲盤（養仲盤）

【時　　代】春秋早期。

【出土時地】2012 年 7 月見於西安。

【收 藏 者】某收藏家。

【尺　　度】通高 12.4、口徑 37.5、腹深 5.4 釐米。

【形制紋飾】敞口淺盤，底部近平，窄沿方唇，一對附耳高出盤口，各有一對圓橫梁與
口沿相連，圈足沿外侈。腹部飾蟠螭紋，圈足飾環帶紋，兩耳內側飾重環
紋，外側飾 S 狀變形夔龍紋。

【著　　録】未著録。

【銘文字數】內底鑄銘文 22 字。

【銘文釋文】隹（唯）正五月初吉乙亥，郏（養）中（仲）乍（作）其孫弔（叔）嬴酏朕（媵）盤，
萬年用之。

【備　　注】同坑出土有郏仲匜，爲一套盥洗器。

盤

0944. 妃子季父盤

【時　　代】西周晚期。

【收　藏　者】某收藏家。

【形制紋飾】敞口淺盤，窄沿方唇，一對附耳高出盤口，有横梁與口沿相連，圈足沿外侈。腹部及圈足均飾雙頭獸紋。

【著　　録】未著録。

【銘文字數】内底鑄銘文 23 字（其中重文 2）。

【銘文釋文】癸子（巳），妃子季父其乍（作）般（盤）也（匜），其鬚（眉）𩪧（壽）無彊（疆），子=（子子）孫=（孫孫），永寶用之。

盤

0945. 公盤

【時　　代】西周中期後段。

【收　藏　者】臺北震榮堂（陳鴻榮、王亞玲夫婦）。

【尺度重量】通高 16.5、兩耳相距 44.5 釐米。

【形制紋飾】敞口斂腹，窄沿方唇，底部近平，一對附耳略高出盤口，矮圈足沿外侈，其下連鑄三條獸面小足。腹部飾無目竊曲紋，圈足飾垂鱗紋。

【著　　錄】金銅器 261 頁盤 05。

【銘文字數】內底鑄銘文 26 字（其中重文 2）。

【銘文釋文】□月既望壬日，公盤（鑄）寶般（盤），用宫（享）于朕（朕）文考□□□□子＝（子子）孫＝（孫孫）永寶。

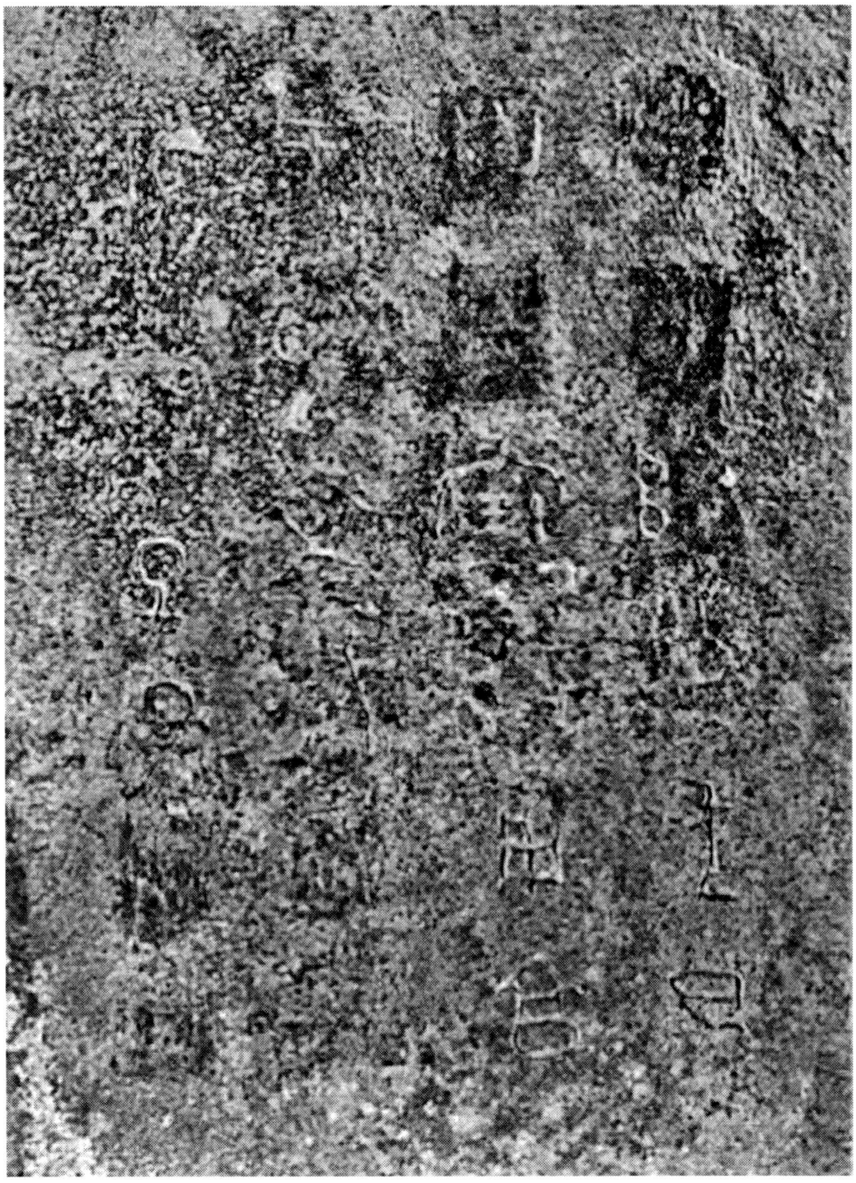

盘

0946. 諸君盤（者君盤）

【時　　代】西周中期前段。

【收 藏 者】某收藏家。

【形制紋飾】敞口，窄沿方脣，一對附耳略高於盤口，腹壁圜收成坦底，圈足下有一道
　　　　　　邊圈。盤壁上部飾垂冠回首尾下卷作刀形的夔龍紋，以雲雷紋襯底，耳
　　　　　　飾鱗紋，圈足飾一道弦紋。

【著　　錄】未著錄。

【銘文字數】內底鑄銘文 30 字。

【銘文釋文】隹（唯）九月既死霸，者（諸）君乍（作）氒（厥）変（文）考般（盤）舝（盂）日癸，
　　　　　　用齒（幽）襄玉正公大室，酏（世）孫子甘（其）永寶。

【備　　注】銘文中“者（諸）君乍（作）氒（厥）変（文）考般（盤）舝（盂）日癸”應讀爲
　　　　　　“諸君作厥文考日癸盤盂”。

盤

0947. 賈子伯猷父盤

【時　　代】春秋早期。

【收　藏　者】某收藏家。

【著　　錄】未著錄。

【銘文字數】內底鑄銘文 31 字（其中合文 1、重文 2）。

【銘文釋文】隹（唯）王二月［既］死霸丁亥，賈子白（伯）猷父乍（作）孟姬寶般（盤），
　　　　　　才（其）萬年無彊（疆），子=（子子）孫=（孫孫）永寶［用］。

0948. 嬎盤

【時　　代】春秋晚期。

【出土時地】2013年湖北隨州市曾都區文峰塔曾國墓地（M33.30）。

【收 藏 者】湖北省文物考古研究所。

【形制紋飾】直口，窄沿方脣，頸部微內束，一對長方形蟠蛇紋獸首耳，腹部圜收，內底
平坦。三隻獸面蹄足，口沿上有一對圓雕爬獸，口銜盤沿。鑒內滿飾蟠
螭紋和龍紋。

【著　　錄】考古2014年28頁圖33。

【銘文字數】內底鑄銘文32字。

【銘文釋文】隹（唯）曾八月，吉日隹（唯）亥，余邦君之元女，余賈侄□佣，嬎睪（擇）其
吉金，自乍（作）媵（浣）盤，永保用之。

盤

301

0949. 霸伯盤

【時　　代】西周中期。

【出土時地】2010年山西翼城縣隆化鎮大河口西周墓地（M1017.41）。

【收 藏 者】山西省考古研究所。

【形制紋飾】敞口斂腹，窄沿方唇，底部近平，圈足外侈，一對附耳高出盤口。口沿下飾分尾長鳥紋帶，以雲雷紋襯底。

【著　　錄】未著錄。

【銘文字數】內底鑄銘文38字（其中重文2）。

【銘文釋文】隹（唯）正月既死霸丙午，戎大（？）捷（？）于，霸（霸）白（伯）屚（搏）戎，隻（獲）噝（訊），霸（霸）白（伯）對𢓊（揚），用乍（作）白（伯）姬寶般（盤），孫=（孫孫）子=（子子）甘（其）萬年永寶用。

0950. 周晉盤

【時　　代】西周中期。

【出土時地】2012年9月見於西安。

【收　藏　者】某收藏家。

【尺度重量】通高15.6、口徑49.4、兩耳相距53.1釐米,重8.6公斤。

【形制紋飾】敞口寬沿,腹壁斜收,圈足沿外侈,腹部有一對附耳,略微高出盤口。腹壁飾兩組垂冠回首尾上卷的夔龍紋,每組兩條,相互對稱,以雲雷紋襯底,每條夔龍之後又增飾一條尾下卷的短夔龍;圈足飾六條三角變形夔龍紋,中隔圓圈紋,耳飾鱗紋。

【著　　錄】未著錄。

【銘文字數】內底鑄銘文49字(其中重文2)。

【銘文釋文】隹(唯)九月初吉辛亥,周晉(晉)棗(早)襄(喪)乚(厥)歖考辛中(仲)。有(又)曰:棗(早)襄(喪)乚(厥)歖考,不叙(敢)視乚(厥)身。盤(鑄)寶般(盤)鎣,用亯(享)于大宗,用匃永福,子=(子子)孫=(孫孫)永寶用。回。

【備　　注】同出的還有同銘文的周晉盉,是一套盥洗器,已著錄於《銘圖》第26卷14793。

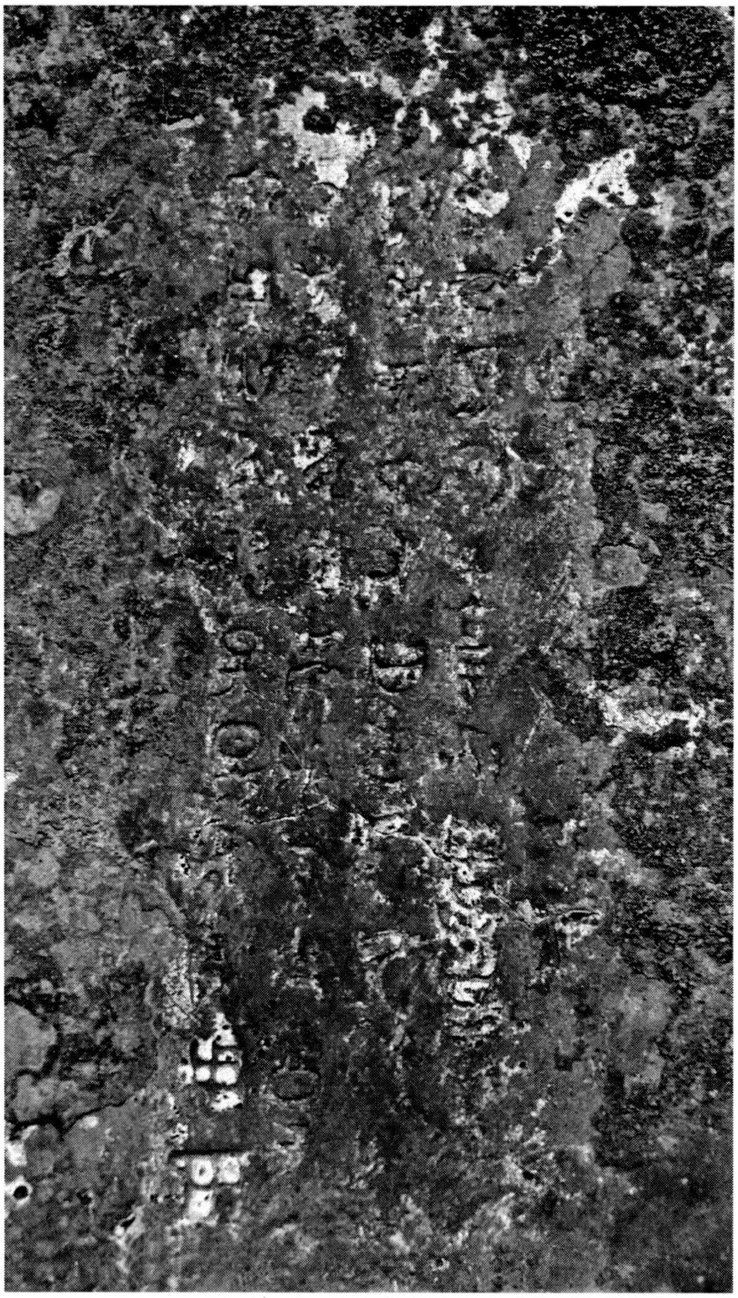

0951. 師酉盤

【時　　代】西周晚期。

【收 藏 者】原器下落不明。聞宥之子聞廣藏銘文拓本。

【著　　録】新世紀的中國考古學 397 頁。

【銘文字數】內底鑄銘文 101 字（其中重文 2）。

【銘文釋文】唯三（四）年三月既生霸甲戌，王才（在）吴，各（格）吴大（太）室，公族瑪（鴻）鼇（釐）入右師酉，立中（中）廷，王乎（呼）牆（牆）册命：師酉，䣁（嗣）乃且（祖）啇（嫡）官邑人、虎臣：西門尸（夷）、䝅尸（夷）、爨（秦）尸（夷）、京尸（夷）、舁（弁）人新。易（錫）女（汝）赤市（韍）、攸（鋚）勒。敬夙（夙）夜勿濾（廢）朕（朕）令（命）。師酉搏（拜）頴（稽）首，對毀（揚）天子不（丕）顯休令（命），乍（作）朕（朕）变（文）考宗姬寶般（盤），酉寽（其）萬年子=（子子）孫=（孫孫）永寶用。

【備　　注】"舁（弁）人"，張長壽先生釋爲一字——"鼻"，對比師酉簋銘文拓本可知應爲二字。

盤

0952. 晉公盤

【時　　代】春秋中期。

【收 藏 者】某收藏家。

【尺　　度】通高 11.7、口徑 40、兩耳相距 45 釐米。

【形制紋飾】淺腹圈足，一對附耳，平沿外折，圈足連鑄三個圓雕人形支足。盤內底中央飾盤龍紋，其間又裝飾着許多圓雕動物。中心是一隻水鳥，盤龍之外有四隻水鳥，水鳥之外有四隻趴伏的青蛙和四條游魚，魚蛙相間，最外圈有四隻烏龜和四肢蹲伏的青蛙，蛙和龜相間。這些動物都能在原處 360 度轉動，栩栩如生，頗有情趣。

【著　　録】未著録。

【銘文字數】內壁鑄銘文七處，每處三行，共 180 字左右（其中重文 2）。

【銘文釋文】隹（唯）王正月初吉丁亥，瞀（晉）公曰：“我皇且（祖）䚂（唐）公雍（膺）受大命，左右武王，𣪕（毅－教）畏（畏－威）百䜌（蠻），廣闊（闢）三（四）方，至于不（丕）廷，莫［不］秉焊。王命䚂（唐）公，建厇（宅）京𠂤（師），君百乍（作）邦。我剌（烈）考憲公，克□六獸，彊武魯宿，䨻（靈－令）名不□，號＝（赫赫）才［上］，台（以）厰（嚴）禓（㥍）𩁸（恭）天命，台（以）𤳑（乂）朕（朕）身，孔靜瞀（晉）邦。”公曰：“余隹（唯）今小子，敊（敢）帥井（型）先王，秉德齨（秩）［秩］，㘫（協）燮萬邦，諒（哀）［哀］莫不日頙𡔴（恭），余咸畜胤（俊）士，乍馮（朋）左右，保辥（乂）王國，刺㒸癋厸，台（以）厰（嚴）號若否。乍（作）元女孟姬宗彝般（盤），𪾢（將）廣啟邦，虔𩁸（恭）盟（盟）祀，卲（昭）倉（答）皇卿（卿），㘫（協）剒（順）百䛼（職）。隹（唯）今小子，敊（敕）辥（乂）爾家，宗婦楚邦，烏（於）厓（昭）萬年，瞀（晉）邦隹（唯）輪（翰），永康（康）寶。”

【備　　注】銘文共七處，第三處有一個老補，致數字模糊不辨。其中“莫［不］秉（？）□”漏鑄“不”字，“秉德齨”的“齨”和“諒（哀）莫不日頙𡔴”的“諒”下漏鑄重文符號。“號＝（赫赫）才（在）”之下漏鑄“上”字。

1

2

3

4

5

6

7

29. 盉

（0953-0981）

0953. 冉盉

【時　　代】商代晚期。

【出土時地】2012 年 6 月陝西寶雞市渭濱區石鼓鎮石嘴頭村石鼓山西周墓（M3.26）。

【收　藏　者】寶雞市渭濱區博物館。

【尺度重量】通高 28.5、口徑 10.6 釐米,重 2.55 公斤。

【形制紋飾】侈口束頸,蓋面隆起,上有雙龍頭弓形鈕,下有短子口,蓋與鋬有鏈條連
接,鼓腹弧襠,三條柱足,頸部一側有管狀流斜出,另一側有牛首鋬。流
管飾陰綫蟬紋,蓋面和頸部均飾連珠紋鑲邊的雲雷紋帶。

【著　　録】考古與文物 2013 年 1 期 21 頁圖 38.12,文物 2013 年 2 期 49 頁圖 69.5。

【銘文字數】鋬內鑄銘文 1 字。

【銘文釋文】𠁥（冉）。

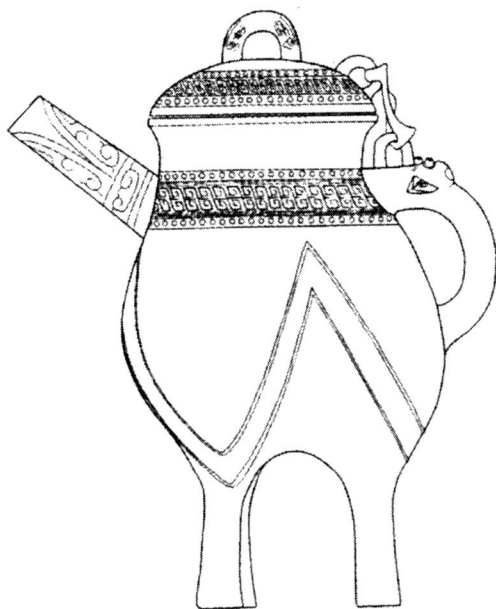

盉

0954. 子父乙盉

【時　　代】商代晚期。
【收 藏 者】某收藏家。
【出土時地】傳出山西。
【尺度重量】通高 29 釐米。
【形制紋飾】體瘦高，侈口束頸，鼓腹高
　　　　　分襠，足下部呈圓柱形，腹
　　　　　一側有管狀流，對應的一側
　　　　　有牛首半環形鋬，弧面形
　　　　　蓋，上有半環形鈕，下有子
　　　　　口插入器口之內，後側有小
　　　　　鈕用鏈條與鋬相連。蓋面
　　　　　和器頸各飾兩組帶狀獸面
　　　　　紋，腹部飾三組獸面紋。
【著　　錄】未著錄。
【銘文字數】蓋、器同銘，各 3 字。
【銘文釋文】子父乙。
【備　　注】出土時與進盤放在一起，當爲一套盥洗器。

蓋　　　　　　　　　　　器

0955. 冄父乙盉

【時　　代】商代晚期。

【收　藏　者】某收藏家。

【形制紋飾】侈口束頸，圓腹分襠，三條
柱足，內插式蓋，蓋面隆起，
上有菌狀鈕，肩上有一管
狀流，另一側有牛首半環形
鋬，牛頭上有鈕以"8"字形
鏈條與蓋相連。蓋與肩均
飾三列雲雷紋組成的獸面
紋，腹飾雙折綫紋。

【著　　錄】未著錄。

【銘文字數】蓋、器同銘，各3字。

【銘文釋文】冄父乙。

蓋

器

盉

0956. 𦥑父辛盉

【時　　代】商代晚期。

【出土時地】2012 年 9 月見於西安。

【收 藏 者】某收藏家。

【尺度重量】通高 24.3、口徑 11.9、流至
　　　　　　鋬長 27.4、腹深 17.9 釐米，
　　　　　　重 3.27 公斤。

【形制紋飾】侈口束頸，直管流向上斜
　　　　　　出，牛首半環形鋬與流相對
　　　　　　應，蓋面隆起，上有半環形
　　　　　　鈕，蓋的一側有一小鈕，用
　　　　　　鏈條連接盉鋬，分襠，三足
　　　　　　下部呈圓柱形。頸部飾雲
　　　　　　雷紋組成的獸面紋帶。

【著　　錄】未著錄。

【銘文字數】蓋內鑄銘文 3 字。

【銘文釋文】𦥑父辛。

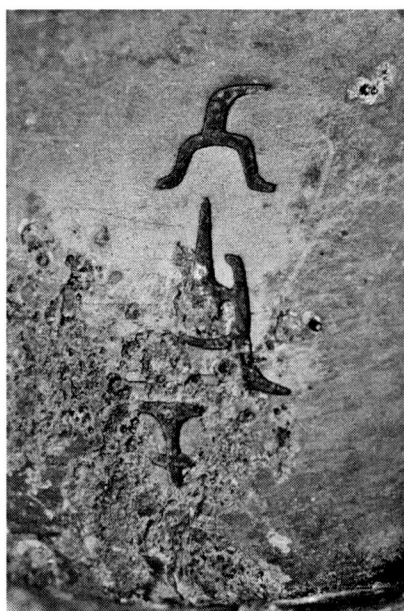

0957. 貝父丁盉

【時　　代】西周早期前段。

【出土時地】2012 年 9 月見於西安。

【收　藏　者】某收藏家。

【尺度重量】通高 30.5、流至鋬通長 25、口
　　　　　　徑 12.8 釐米，重 3.25 公斤。

【形制紋飾】體呈扁圓形，直口，頸甚長，溜
　　　　　　肩，三條柱足較高，肩部有一
　　　　　　個管狀流，另一側的肩腹有牛
　　　　　　首半環形鋬。弧面形蓋，下有
　　　　　　子口，頂部有圈狀捉手。蓋沿
　　　　　　和頸部各有一個半環形鈕，以
　　　　　　鏈條相連接。蓋面和器頸下
　　　　　　部各飾兩道弦紋，腹部光素。

【著　　錄】未著錄。

【銘文字數】鋬下鑄銘文 3 字。

【銘文釋文】貝父丁。

0958. 爻父丁盉

【時　　代】西周早期。

【出土時地】2012 年 9 月見於西安。

【收 藏 者】某收藏家。

【尺度重量】通高 25.2、流至鋬通長
23.7、器高 19.1、腹徑 14.4、
口徑 11.3、腹深 11.6、蓋高
7.3、蓋口徑 9.6、流長 7.9、
流口徑 1.8 釐米，重 2.85
公斤。

【形制紋飾】侈口長頸，鼓腹淺分襠，四
條柱足，蓋面呈弧形隆起，
下有子口，上有傘狀鈕，腹
一側設管狀流，與之對應
的一側有牛首半環鋬，鋬
內可看到範綫和錯範現
象。蓋面飾兩組獸面紋，流管飾雲雷紋，腹部飾兩組大獸面紋，四足飾陰
綫蟬紋，蓋內與蓋鈕對應之處飾浮雕圓渦紋。

【著　　錄】未著錄。

【銘文字數】蓋內鑄銘文 3 字。

【銘文釋文】爻父丁。

0959. 作封從彝盉（作邽狄彝盉）

【時　　代】西周早期。

【出土時地】1931年山東益都縣（今青州市）蘇埠屯西周墓葬。

【收　藏　者】原藏益都縣民眾教育館。

【尺度重量】高八寸一分、腹深四寸七分、口徑三寸三分、流長二寸三分，重六斤。

【形制紋飾】侈口束頸，圓腹圓底，三條柱足，頸一側有管狀流，另一側有獸首鋬，蓋呈
　　　　　　球面形，有菌狀捉手，一側有小鈕以鏈條與鋬連接（鏈條已失）。蓋沿和
　　　　　　器頸均飾三列雲雷紋組成的列旗脊獸面紋帶，流管飾三角雷紋。

【著　　　錄】蘇埠屯14頁。

【銘文字數】蓋內鑄銘文4字，鋬內腹壁3字。

【銘文釋文】蓋銘：乍（作）邽（封）狄（從）彝；器銘：邽（封）狄（從）彝。

蓋

器

0960. 伯盉

【時　　代】西周中期前段。

【收 藏 者】某收藏家。

【形制紋飾】侈口束頸,弧襠,三柱足,管狀流,獸首鋬。蓋面隆起,鈕作半環狀。蓋與器鋬有鏈條相連接。腹部飾雙折綫紋。

【著　　錄】未著錄。

【銘文字數】鋬內鑄銘文 4 字。

【銘文釋文】白(伯)乍(作)寶彝。

盉

323

0961. 山盉

【時　　代】西周中期前段。

【收 藏 者】某收藏家。

【形制紋飾】體呈橢方形，侈口方唇，高頸鼓腹，淺分襠，四條柱足，肩部有一個管狀流向上斜伸，與流對應的一側腹部有一個牛首半環形鋬，蓋面鼓起，頂部有一個半環形小鈕，蓋沿一側有小鈕，以鏈條與鋬上的小鈕相套接。蓋沿和頸部均飾垂冠回首的夔鳥紋，以雲雷紋襯底。

【著　　錄】未著錄。

【銘文字數】蓋内鑄銘文 4 字。

【銘文釋文】山乍（作）寶［盉］。

0962. 共盉

【時　　代】西周中期。

【出土時地】2012 年 9 月見於西安。

【收 藏 者】某收藏家。

【尺度重量】通高 25.3、流至鋬通長 22.8、腹徑 16.8、口徑 11、腹深 21.5 釐米，重 3.57
　　　　　　公斤。

【形制紋飾】造型別致，樸實無華，這種類型的盉以前從未出現過。小侈口，無蓋，頸
　　　　　　部較長，向下逐漸增大，最大徑在下腹，圜底的弧度不大，其下設有三條
　　　　　　矮柱足，口與頸之間有一個寬流槽，鋬上裝飾羊頭，鋬環圓細。通體光素。

【著　　錄】未著錄。

【銘文字數】鋬下鑄銘文 4 字。

【銘文釋文】共乍（作）肇（旅）盉。

0963. 霸仲盉

【時　　代】西周中期前段。

【出土時地】2010 年山西翼城縣隆化鎮大河口西周墓地（M1.270）。

【收　藏　者】山西省考古研究所。

【形制紋飾】體呈橢方形，侈口長頸，腹的一側有管狀流，對應的一側有牛首半環鋬，淺分襠，四柱足，蓋面呈弧形，以鏈條與鋬相連，頂部有菌狀鈕。腹部飾四組曲折角獸面紋，以雲雷紋襯底，頸部飾連珠紋鑲邊的蟬紋帶，柱足和流管均飾陰綫三角紋，蓋面飾雲雷紋襯底的獸面紋。

【著　　録】中華遺産 2011 年第 3 期 108 頁。

【銘文字數】蓋內鑄銘文 5 字。

【銘文釋文】鞤（霸）中（仲）乍（作）𣪘（旅）彝。

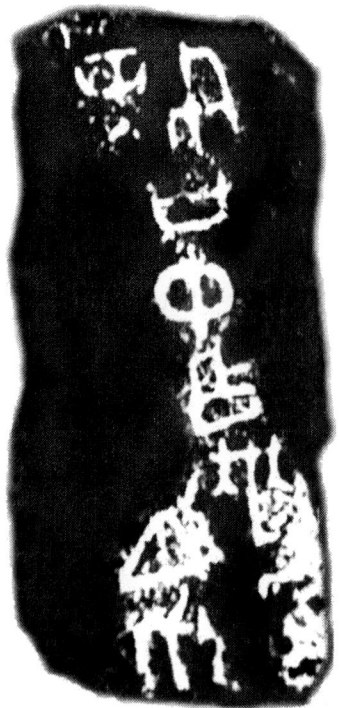

0964. 蔡妘盉

【時　　代】西周中期前段。

【出土時地】2015年1月出現在西安古玩城。

【收　藏　者】某收藏家。

【尺　　度】通高20、口徑15釐米。

【形制紋飾】侈口長頸,溜肩鼓腹,淺分襠,四柱足,肩的一側有管狀流,另一側有牛首
　　　　　　鋬,牛耳横出,蓋面隆起,上有半環形鈕,蓋沿一側和鋬上各有一個環鈕,
　　　　　　以鏈條連接。流管飾陰綫三角紋,蓋沿和器頸飾分尾長鳥紋,以雲雷紋
　　　　　　襯底。

【著　　錄】未著錄。

【銘文字數】蓋内鑄銘文5字。

【銘文釋文】帣(蔡)嫚(妘)乍(作)□器。

0965. 𢆶盉（𢆶盉）

【時　　代】西周早期。

【出土時地】2012年9月見於西安。

【收　藏　者】某收藏家。

【尺度重量】通高23.6、流鋬相距21.7、口徑12、腹徑14.4、腹深12.1釐米，重2.16
公斤。

【形制紋飾】橫截面呈橢方形，侈口長頸，溜肩鼓腹，淺分襠，四條柱足上粗下細，肩部
有一個管狀流向上斜出，另一側有牛首半環形鋬。弧面形蓋，下有子口，
頂部有雙頭弓蛇形鈕，一側有半環鈕，以鏈條與鋬相連接。鋬飾雲雷紋，
蓋沿和器頸均飾目雲紋，足部飾陰綫蟬紋，流管飾三角雷紋，腹部光素。
柱足和外底遺留範綫，蓋內可見部分墊片。

【著　　　録】未著録。

【銘文字數】蓋、器同銘，各6字。

【銘文釋文】𢆶（𢆶），𢆶（𢆶）乍（作）父癸陭（尊）。

蓋

器 1　　　　　　　　　　　器 2

盉

0966. 曾侯諫盉

【時　　代】西周早期。

【出土時地】2013 年湖北隨州市曾都
區淅河鎮蔣寨村葉家山
（M28.166）。

【收　藏　者】湖北省文物考古研究所。

【尺度重量】通高 30、口徑 13.6、腹深
14.6 釐米，重 4.59 公斤。

【形制紋飾】侈口束頸，鼓腹分襠，腹的
一側設有管狀流，另一側
有牛首半環形鋬，弧形蓋，
上有圓雕兔形鈕。蓋與鋬
用鏈條相連，三足下部呈
圓柱形。蓋面飾兩組牛角
獸面紋，腹部飾三組牛角
獸面紋，均以雲雷紋襯底，流管上面飾圓雕爬行龍。

【著　　錄】葉家山 96 頁，江漢考古 2013 年 4 期 29 頁拓片 12。

【銘文字數】蓋、器同銘，各 6 字。

【銘文釋文】曾（曾）厌（侯）諫乍（作）寶彝。

蓋

器

0967. 應侯盉

【時　　代】西周中期。

【收 藏 者】海外某收藏家。

【尺　　度】通高 25.5、鋬至流口
長 29.5 釐米。

【形制紋飾】體呈橢方形，侈口高
領，溜肩，腹的一側設
有管狀流，另一側有
牛首半環形鋬，四坡形
蓋，上有扁環鈕。蓋與
鋬用鏈條相連，四柱足
較細。蓋面及頸部飾
垂冠回首卷尾夔龍紋，
以雲雷紋襯底，腹部
光素。

【著　　錄】未著錄。

【銘文字數】蓋内鑄銘文 6 字。

【銘文釋文】雁（應）厌（侯）乍（作）寶般（盤）盉。

0968. 楷侯盉（槍厌盉、黎侯盉）

【時　　代】西周中期。

【收 藏 者】某收藏家。

【形制紋飾】橫截面呈橢方形，侈口
長頸，溜肩鼓腹，淺分
襠，四條柱足，肩的一
側設有斜向上出的管
狀流，另一側設有牛首
半環形鋬，弧形蓋面，
下有子口，頂部有一
半環小鈕，蓋沿亦有小
鈕，用鏈條和鋬上的小
鈕相連。頸部飾兩道
弦紋，腹部光素。

【著　　録】未著録。

【銘文字數】蓋內鑄銘文 6 字。

【銘文釋文】楷（楷－黎）厌（侯）媵（媵）妹寶盉（盉）。

0969. 伯享父盉

【時　　代】西周中期。

【出土時地】2012 年 9 月見於西安。

【收 藏 者】某收藏家。

【尺度重量】通高 26.7、流鋬相距 33.2、口徑 17.6 釐米，重 3.45 公斤。

【形制紋飾】該盉是分襠三足鬲形盉。侈口長頸，溜肩鼓腹，蓋面隆起，頂部有半環鈕，
　　　　　　一側有半環鈕用青蛙形鏈條與鋬上的半環鈕相連，弧形襠，三條柱足。
　　　　　　蓋鈕飾雲雷紋，蓋沿、器頸飾垂冠回首尾上卷的夔龍紋，以雲雷紋襯底；
　　　　　　腹部飾雙折綫紋，鋬飾雲雷紋，流管飾陰綫三角雲雷紋。

【著　　　錄】未著錄。

【銘文字數】蓋內鑄銘文 6 字。

【銘文釋文】白（伯）亯（享）父，乍（作）寶盉。

【備　　　注】同坑出土的有伯享父盤，爲一套盥洗器。

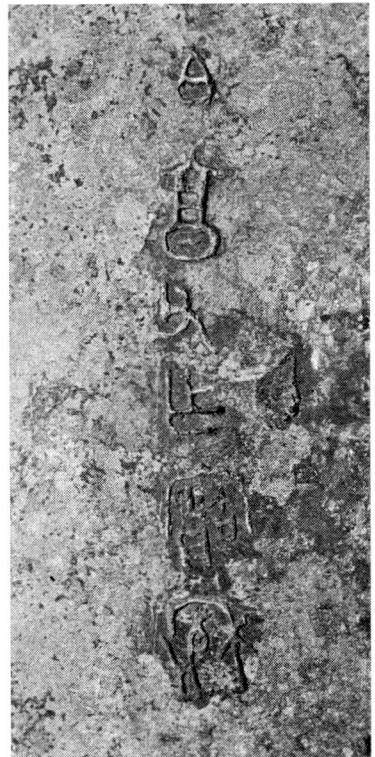

0970. 豐盉

【時　　代】西周早期。

【出土時地】2012 年 9 月見於西安。

【收 藏 者】某收藏家。

【尺度重量】通高 20.6、流至鋬通長 21.5、口徑 12、腹深 11.7 釐米,重 4.57 公斤。

【形制紋飾】該盉屬分襠四足形,侈口長頸,鼓腹,淺分襠,四條柱足,上粗下細,肩部有一管狀長流,前細後粗,與之相對應的一側有一個牛首半環形鋬;蓋面呈弧形隆起,上有雙頭蛇弓形鈕,蓋與鋬各有一個半環鈕,以鏈條相連。蓋沿及頸部均飾目雲紋,頸的左右增飾浮雕獸頭,腹部飾四組雙綫 V 字紋。

【著　　録】未著録。

【銘文字數】鋬下鑄銘文 7 字。

【銘文釋文】豐乍(作)父癸彝,庿册。

0971. 又薑口貝盉

【時　　代】西周早期。

【出土時地】2010 年山西翼城縣隆化鎮大河口西周墓地。

【收 藏 者】山西省考古研究所。

【尺　　度】通高 25、口徑流至鋬長 13.5 釐米。

【形制紋飾】侈口長頸，溜肩鼓腹，淺分襠，四條柱足較細，肩的一側有管狀流斜上而出，與之對應的一側有牛首半環形鋬，蓋面呈弧形隆起，頂部有菌狀鈕，邊緣有小鈕用鏈條與鋬上小鈕相連。蓋面和腹部均飾獸面紋，頸部飾連珠紋鑲邊的蟬紋帶，流管和柱足飾簡化蟬紋。

【著　　錄】正經 201 頁。

【銘文字數】鋬內腹壁鑄銘文 9 字。

【銘文釋文】又薑口貝乍（作）母己隣（尊）彝。

盉

0972. 作父乙盉

【時　　代】西周早期。

【出土時地】出現在香港瀚海 2015
　　　　　年秋季拍賣會。

【收　藏　者】原藏日本東京某收藏家。

【尺　　度】通高 31 釐米。

【形制紋飾】侈口長頸，鼓腹淺分襠，
　　　　　四條柱足，肩部一側設
　　　　　有管狀流，與之對應的
　　　　　另一側有獸首半環形
　　　　　鋬，蓋面呈弧形，上有半
　　　　　環形鈕，下有子口，蓋沿
　　　　　一側有小鈕，用鏈條與
　　　　　鋬上的小鈕相連。蓋面
　　　　　飾獸面紋，頸部飾變形
　　　　　夔紋，腹部飾四組曲折
　　　　　角獸面紋，流管飾三角紋。

【著　　錄】未著錄。

【銘文字數】蓋、器同銘，各 9 字。

【銘文釋文】冊Ｓ Ｓ冊，乍（作）父乙隩（尊）彝。

蓋

器

0973. 黃子婁盉

【時　　代】春秋晚期。

【收 藏 者】海外某收藏家。

【尺　　度】通高 25、通長 32、寬 27.5 釐米。

【形制紋飾】直口廣肩，扁圓體，肩部有圓提梁，提梁上飾鏤空盤蛇獸首，外罩式蓋，平頂上有一個小鈕，以兩節鏈條與提梁相連，腹部有一個乙字形管流，流口裝飾鏤空盤蛇獸首，與流對應的另一側裝飾透雕扉棱，腹兩側各有一個獸頭環鈕，圜底下設置三條獸面蹄形足，肩腹共有三道絢紋箍棱。通體飾蟠虺紋。

【著　　錄】未著錄。

【銘文字數】肩部有銘文 10 字。

【銘文釋文】黃子婁呂(以)乍(作)弔(叔)媌(芈)女(母)賓(賓)盉。

0974. 大官盉（太官盉）

【時　　代】戰國晚期·秦。

【收　藏　者】臺北震榮堂（陳鴻榮、
　　　　　　　王亞玲夫婦）。

【尺　　度】通高22、通長25釐米。

【形制紋飾】體呈扁圓形，直口低
　　　　　　領，窄沿方唇，蓋已失，
　　　　　　溜肩小平底，肩部有固
　　　　　　定的龍形提梁，前尾後
　　　　　　首，腹部有一個乙字形
　　　　　　獸首管狀流。獸頸飾
　　　　　　鱗紋，三條蹄形足，肩
　　　　　　腹之間有一道絢索形
　　　　　　箍棱。肩部和腹部均
　　　　　　飾蟠螭紋。

【著　　　録】金銅器 247 頁盉 09。

【銘文字數】腹上部刻銘文 10 字。

【銘文釋文】大（太）官，一斗四升，九斤十兩。

0975. 陳侯盉

【時　　代】西周晚期。
【出土時地】2015 年 1 月見於西安。
【收　藏　者】某收藏家。
【形制紋飾】體呈橢方形，侈口長頸，腹
　　　　　　的一側有管狀流，對應的
　　　　　　一側有牛首半環鋬，淺分
　　　　　　襠，四柱足，蓋面呈弧形，
　　　　　　以鏈條與鋬相連，頂部有
　　　　　　扁環鈕。蓋面和頸部各飾
　　　　　　兩道弦紋，腹部光素。
【著　　錄】未著錄。
【銘文字數】蓋內鑄銘文 11 字。
【銘文釋文】敶（陳）厌（侯）乍（作）姬
　　　　　　弋（緇）寶盉，甘（其）邁（萬）
　　　　　　年用。

0976. 豐姬盉

【時　　代】西周中期前段。

【出土時地】2014年10月見於西安，傳出山西。

【收　藏　者】某收藏家。

【尺　　度】通高24.7、口徑13.5、腹深12.6釐米。

【形制紋飾】橫截面呈橢方形，侈口長頸，蓋面隆起，上有半環形鈕，下有子口，腹較扁，淺分襠，腹一側有管狀流，對應的一側有牛首半環鋬，四條柱足較細。蓋沿飾垂冠回首夔龍紋，器頸飾回首花冠夔龍紋，均以雲雷紋襯底。

【著　　錄】未著錄。

【銘文字數】蓋內鑄銘文13字（其中重文2）。

【銘文釋文】豐（豐）姬乍（作）寶隩（尊）彝，孫＝（孫孫）子＝（子子）甘（其）永寶。

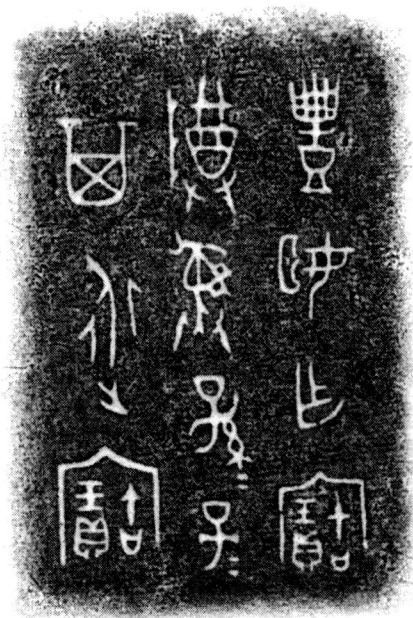

0977. 黃子戌盉

【時　　代】春秋晚期。

【收　藏　者】海外某收藏家。

【尺　　度】通高 28、通長 29.5 釐米。

【形制紋飾】直口廣肩,扁圓體,肩部有圓提梁,提梁上飾龍紋,外罩式蓋,平頂上有一個小鈕,以兩節鏈條與提梁相連,腹部有一個乙字形管流,流口裝飾雞冠牛耳獸首,與流對應的另一側裝飾透雕扉棱,腹兩側各有一個圓環,圜底下設置三條獸面蹄形足。蓋面和肩部均飾蟠虺紋,腹部飾一周小垂葉紋。

【著　　錄】未著錄。

【銘文字數】蓋、器同銘,各 14 字(其中合文 1)。

【銘文釋文】正咸(式日)元日癸亥,黃子戌自乍(作)湯盉。

【備　　注】"咸"字爲"式日"合文,讀爲"二之日",指夏正十二月,周正二月。只有器銘。

a

b1

b2

b3

b4

0978. 昶伯夐父盉

【時　　代】春秋早期。

【出土時地】2012 年 9 月見於西安。

【收　藏　者】某收藏家。

【尺度重量】通高 39.5、流鋬相距 42.8、口橫 12.2、口縱 10.9 釐米,重 7.37 公斤。

【形制紋飾】扁體橢圓形,上部開有方口,平折沿,頸極短,蓋亦平沿,其上爲一圓雕勾
　　　　　喙臥鳥,下有子口深入盉口,流管爲臥虎形,虎腹飾重環紋,鋬作半環形,
　　　　　上部呈龍首形,龍耳直伸,下有卷舌,四條扁足呈夔龍形。腹兩側的花紋
　　　　　中心是竊曲紋,中圈爲重環紋,外圈是四組變形夔龍紋。

【著　　錄】未著錄。

【銘文字數】蓋面兩邊鑄銘文 15 字(其中重文 2)。

【銘文釋文】昶伯夐父乍(作)盉,甘(其)萬年子_(子子)孫_(孫孫)永用。

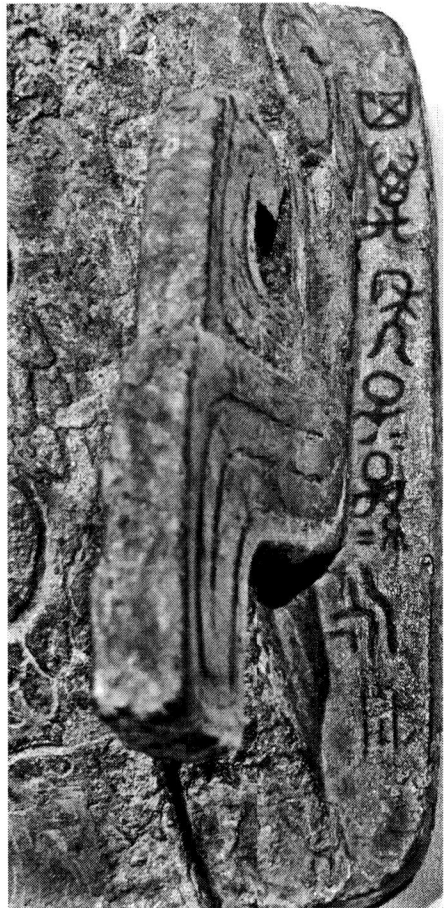

1   2

0979. 芮伯盉

【時　　代】西周中期前段。

【出土時地】2004-2007年山西絳縣橫水鎮橫北村西周墓地（M2158.81）。

【收　藏　者】山西省考古研究所。

【著　　錄】論衡94頁圖2。

【銘文字數】內底鑄銘文20字。

【銘文釋文】內（芮）白（伯）頴（稽）首，叔（敢）乍（作）王姊盉，才（其）罘佣白（伯）邁（萬）
　　　　　年，用卿（饗）王逆洀（覆）。

【備　　注】同出的還有芮伯盤1件，芮伯簋2件。

0980. 子後生盉

【時　　代】西周中期。

【收 藏 者】某收藏家。

【形制紋飾】侈口束頸,窄沿方唇,
圓腹圓底,肩部有管狀
流向上斜出,對應的一
側有牛首半環形鋬,三
條矮柱足,蓋面呈弧形
隆起,頂部有半環形小
鈕,蓋沿亦有一個小
鈕,用鏈條與鋬上的小
鈕相連,鏈條已失。蓋
面飾變形夔龍紋,腹部
飾四個圓渦紋。

【著　　録】未著録。

【銘文字數】口內壁鑄銘文 22 字。

【銘文釋文】子後生曰:否天敄(畏、威)□朕(朕)考宕白(伯),乍(作)念彝,囟(其)
永既□,子用福。

0981. 仲旬人盉(仲旬人盉)

【時　　代】西周中期前段。

【出土時地】2004-2007年山西絳縣橫水鎮橫北村西周墓地(M1006.21)。

【收　藏　者】山西省考古研究所。

【著　　錄】論衡96頁圖6。

【銘文字數】蓋內鑄銘文49字(其中重文1)。

【銘文釋文】中(仲)旬(旬)人肇乍(作)劉姬寶盉,弌(其)用殀(夙)夜亯(享)于乐(厥)宗,用亯(享)孝于朕(朕)文且(祖)考,用匄百福,弌(其)萬年永寶,子=(子子)孫弌(其)萬年用,殀(夙)夜亯(享)孝于乐(厥)宗用。

【備　　注】同墓出土還有一盤(M1006.20),與此盉爲一套盥洗器,銘文相同,資料未公布。

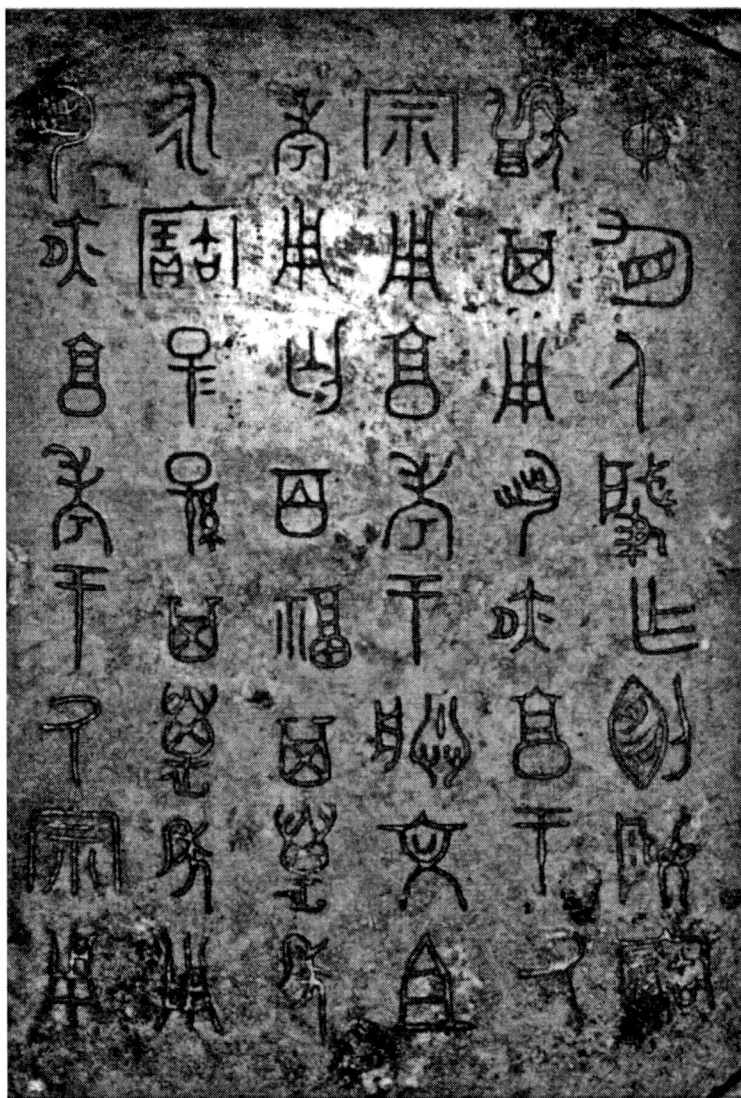

30. 匜

（0982-0997）

0982. 壽匜

【時　　代】春秋晚期。

【出土時地】河南南陽市物資城春秋墓葬。

【收　藏　者】南陽市文物考古研究所。

【著　　錄】文物報 2012 年 12 月 7 日 6 版圖 4。

【銘文字數】內底鑄銘文 4 字。

【銘文釋文】𦮃（壽）之會匜（匜）。

【備　　注】圖像未公布。

0983. 侯氏匜

【時　　代】西周晚期。

【收　藏　者】某收藏家。

【形制紋飾】直口圜底,腹部微鼓,前有寬流槽,後有龍形半環鋬,無卷尾,下具四條夔龍扁足。口下飾大小相間的重環紋,腹部飾瓦溝紋。

【著　　錄】未著錄。

【銘文字數】內底鑄銘文6字。

【銘文釋文】厌(侯)氏乍(作),永寶用。

0984. 下都唐公妝匜

【時　　代】戰國早期。

【出土時地】2014 年 10 月出現在北京。

【收 藏 者】某收藏家。

【形制紋飾】體呈瓢形，寬流槽，直口窄沿，平底，上腹有一道箍棱，與流對應的一側有半環形鋬。口沿下飾蟠虺紋帶。

【著　　錄】未著錄。

【銘文字數】內底鑄銘文 8 字。

【銘文釋文】下都惕（唐）公妝之盥盤。

【備　　注】銘文反書，同坑出土還有一盤，銘文與此匜完全相同。

匜

353

0985. 郳慶匜（兒慶匜）

【時　　代】春秋早期。

【出土時地】2002 年山東棗莊市
　　　　　　山亭區東江小邾國
　　　　　　墓地。

【收　藏　者】某收藏家。

【尺　　度】通高 23.5、通長 44
　　　　　　釐米。

【形制紋飾】體呈瓢形，直口，圜
　　　　　　底，寬長流，與流對
應的一側鑄有卷尾龍形鋬，龍口銜匜沿，下有四條扁蹄足。口沿飾竊曲
紋，腹部飾 S 形雙頭龍紋，不施底紋。

【著　　録】歷代風華 31 頁。

【銘文字數】內底鑄銘文 10 字。

【銘文釋文】兒（郳）慶乍（作）秝（秦）妊也（匜），甘（其）永寶用。

【備　　注】銘文照片頂部字被裁掉一部分。

0986. 鄭邢姜匜（鄭丼姜匜）

【時　　　代】西周晚期。

【收　藏　者】某收藏家。

【著　　　録】未著録。

【銘文字數】内底鑄銘文 12 字。

【銘文釋文】奠（鄭）丼（邢）姜乍（作）寶盉（匜），其子孫永寶用。

【備　　　注】藏家未提供器形照片。

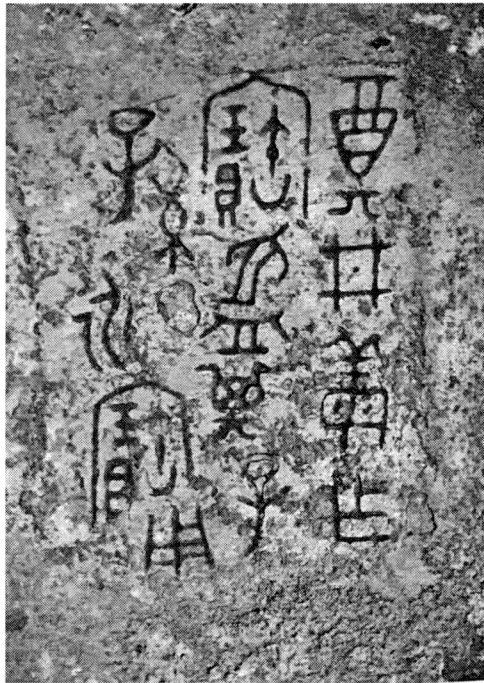

0987. 曾子叔盧匜

【時　　代】春秋晚期前段。

【收　藏　者】某收藏家。

【形制紋飾】橫切面近桃形，口微
斂，一端有寬流槽，另
一側有圓環鈕。

【著　　錄】未著錄。

【銘文字數】內底鑄銘文 12 字。

【銘文釋文】曾子弔（叔）盧羃（擇）
 （其）吉金，自乍（作）
 （沬）盈（匜）。

0988. 毛百父匜

【時　　代】春秋早期。

【收 藏 者】某收藏家。

【形制紋飾】體呈瓢形,圜底,直口,前有寬流,後部設龍形鋬,龍口銜沿,底部設四條
　　　　　　扁足。口沿下飾竊曲紋,腹部飾瓦溝紋。

【著　　錄】未著錄。

【銘文字數】內底鑄銘文 13 字(其中重文 2)。

【銘文釋文】毛百父乍(作)寶,子﹦(子子)孫﹦(孫孫)永寶用亯(享)。

匜

0989. 季大匜

【時　　代】春秋早期·吳。

【收 藏 者】某收藏家。

【形制紋飾】曲口,長流槽,前端呈
虎頭形,後部有卷尾龍
形鋬,龍嘴銜着匜沿,
圜底下有四條夔龍形
扁足。腹部飾變形夔
龍紋,不施底紋。

【著　　錄】未著錄。

【銘文字數】內底中部鑄銘文14字。

【銘文釋文】季大乍(作)其般(盤)也(匜),釁(眉)耆(壽)無彊(疆),永寶用之。

【備　　注】與吳季大鼎、瓶、簋、盤等同坑出土,據説還有一件扁壺。

0990. 窰伯匜

【時　　代】春秋晚期。

【收 藏 者】某收藏家。

【形制紋飾】直口方唇，短流槽，束頸折肩，斂腹平底，與流對應的一側有圓環形鋬。

【著　　錄】未著錄。

【銘文字數】內底鑄銘文 14 字。

【銘文釋文】窰白（伯）乍（作）鉈（匜），其萬年子＝（子子）孫＝（孫孫）永寶用。

匜

0991. 番仲⊛匜

【時　　　代】春秋早期。

【收　藏　者】某收藏家。

【形制紋飾】前有長流槽，後有龍形
　　　　　　鋬，圜底下有四個夔形
　　　　　　扁足。口沿飾 S 形獸
　　　　　　體紋，腹飾瓦紋。

【著　　　錄】未著錄。

【銘文字數】內底鑄銘文 20 字（其
　　　　　　中重文 2）。

【銘文釋文】隹（唯）番中（仲）⊛自
　　　　　　乍（作）隟（尊）也（匜），其萬年其子＝（子子）孫＝（孫孫）永寶用亯（享）。

0992. 公子屖父匜（公子屖父匜）

【時　　代】春秋早期。

【出土時地】傳山東出土。

【收　藏　者】某收藏家。

【形制紋飾】口部曲度較平，寬流
　　　　　　槽上揚，前部封頂，
　　　　　　後部有卷尾龍形鋬，
　　　　　　龍口銜沿，龍脊鏤空
　　　　　　突起，圜底下設四條
　　　　　　夔龍形扁足。流槽
　　　　　　口上部飾獸面紋，口沿飾龍紋，腹部飾瓦紋。

【著　　　錄】未著錄。

【銘文字數】內底鑄銘文20字（其中合文1）。

【銘文釋文】公子屖父乍（作）孟姜䕗（媵）也（匜），其（其）萬年無彊（疆），孫=（子孫）
　　　　　　永保用之。

【備　　　注】同坑出土有同銘文盤。同人所作簋3件，簋銘中"屖"字作"屖"。

匜

361

0993. 芮匜

【時　　代】西周晚期。

【收 藏 者】某收藏家。

【尺　　度】通高 15.5、口寬 15.1、腹深 8.4、流至鋬長 30 釐米。

【形制紋飾】口微内斂,腹稍鼓,前有寬流槽,後有龍形半環鋬,圜底下設有四條獸蹄
　　　　　　足。口下飾兩周重環紋,腹飾瓦溝紋,足飾龍紋。

【著　　錄】未著錄。

【銘文字數】内底鑄銘文 22 字(其中重文 2)。

【銘文釋文】隹(唯)五月初吉丁亥,芮(芮)乍(作)旅般(盤)鉈(匜),弋(其)萬年
　　　　　　子=(子子)孫=(孫孫)永寶用。

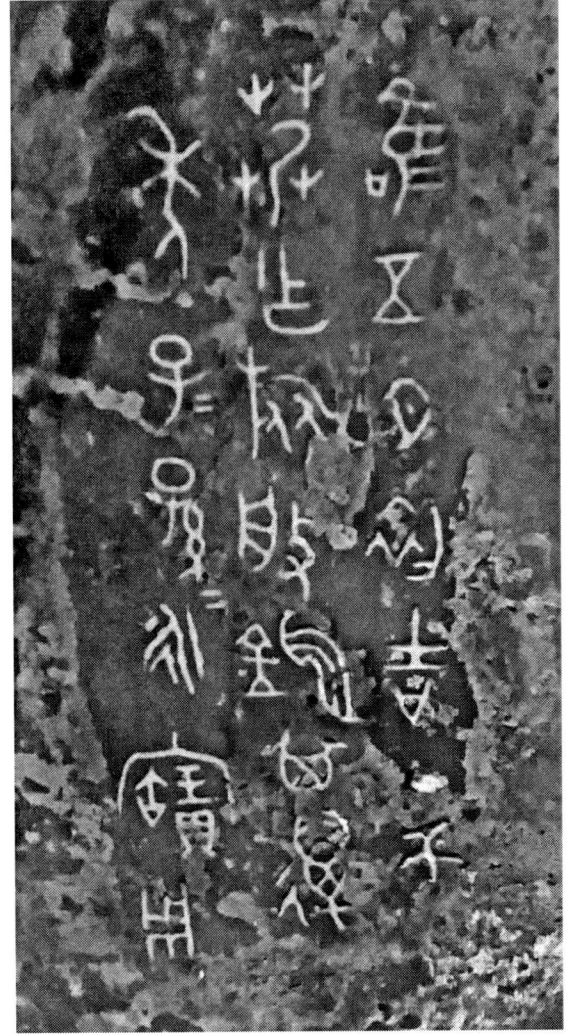

0994. 鄩仲匜（養仲匜）

【時　　代】春秋早期。

【出土時地】2012 年 7 月見於西安。

【收 藏 者】某收藏家。

【尺　　度】通高 21、通長 31、口寬 12.8、腹深 7.9 釐米。

【形制紋飾】體呈瓢形，圓底，直口，前有寬流，口上部封頂，飾虎頭紋，後部設卷尾龍形鋬，龍口銜沿，底部設四條夔龍扁足。口沿下飾蟠螭紋，腹部飾瓦溝紋。

【著　　錄】未著錄。

【銘文字數】内底鑄銘文 22 字。

【銘文釋文】隹（唯）正五月初吉乙亥，鄩（養）中（仲）乍（作）其孫弔（叔）嬴酏朕（媵）盉（匜），萬年用之。

【備　　注】同坑出土有鄩仲盤，爲一套盥洗器。

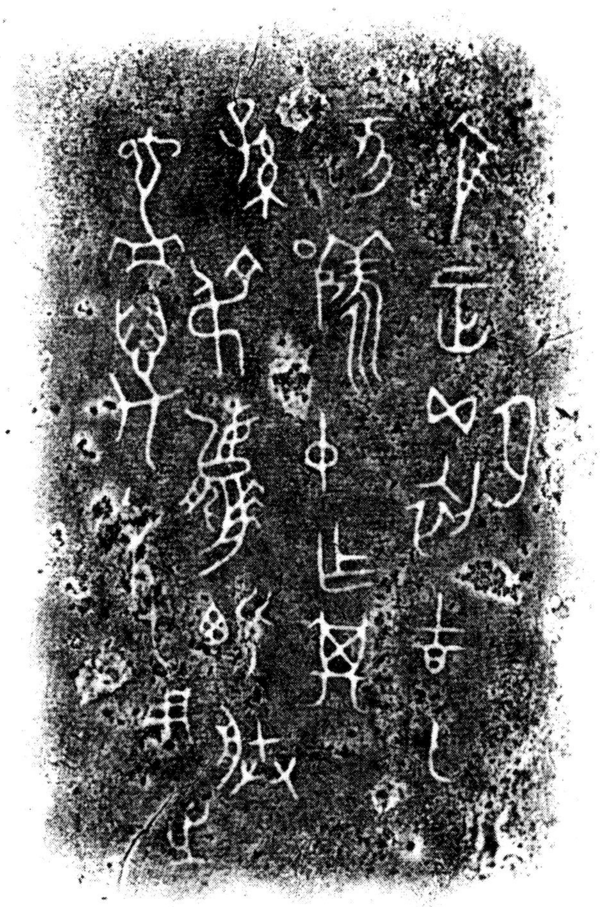

0995. 伯骰父匜

【時　　代】春秋早期。

【收 藏 者】某收藏家。

【形制紋飾】曲口，長流槽，圓底，下設四條夔龍扁足，與流槽對應的一側設龍形鋬。
　　　　　　通體飾 C 形夔龍紋。

【著　　録】未著録。

【銘文字數】内底鑄銘文 26 字（其中重文 2）。

【銘文釋文】白（伯）骰父乍（作）寶也（匜），其用亯（享）用孝，用易（錫）叴（壽）無彊
　　　　　　（疆），其子＝（子子）孫＝（孫孫），其永寶用亯（享）。

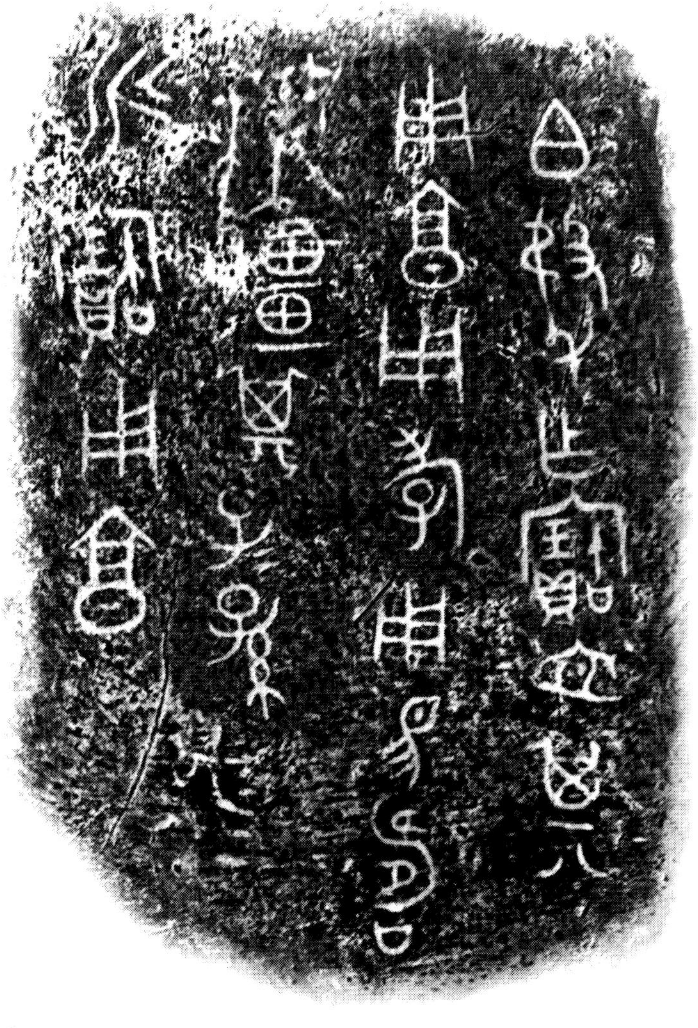

匜

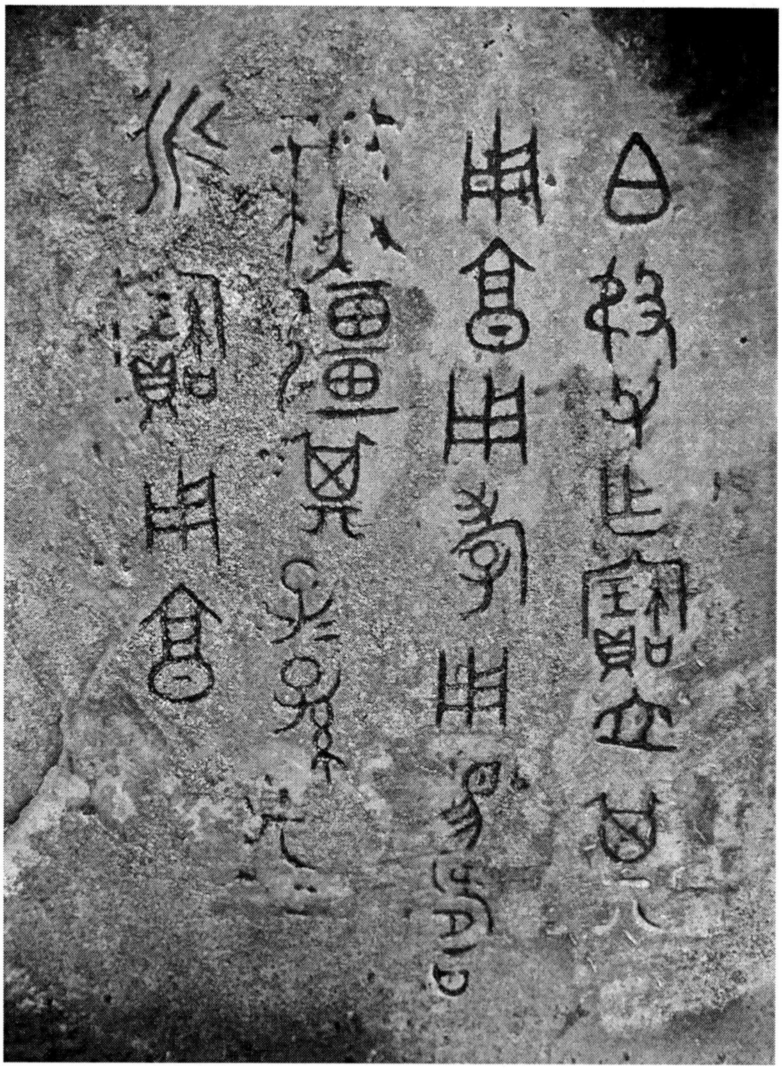

0996. 蠶匜

【時　　代】春秋晚期。

【收 藏 者】某收藏家。

【形制紋飾】體呈瓢形，直口窄沿，束頸，斂腹平底，肩腹之間有兩道絢索紋箍棱，前端有寬流，流蓋飾鏤空獸面紋，後有拱身卷尾龍形鋬，龍口銜匜沿。頸部飾蟠虺紋，腹部飾蟠虺紋和三角紋。

【著　　録】未著録。

【銘文字數】內底鑄銘文 28 字（其中重文 2）。

【銘文釋文】隹（唯）正月初吉□□□□孫蠶，自乍（作）會匜（匜），其釁（眉）耆（壽）無諆（期），子＝（子子）孫＝（孫孫）永保用之。

【備　　注】銘文中四字被刮掉。

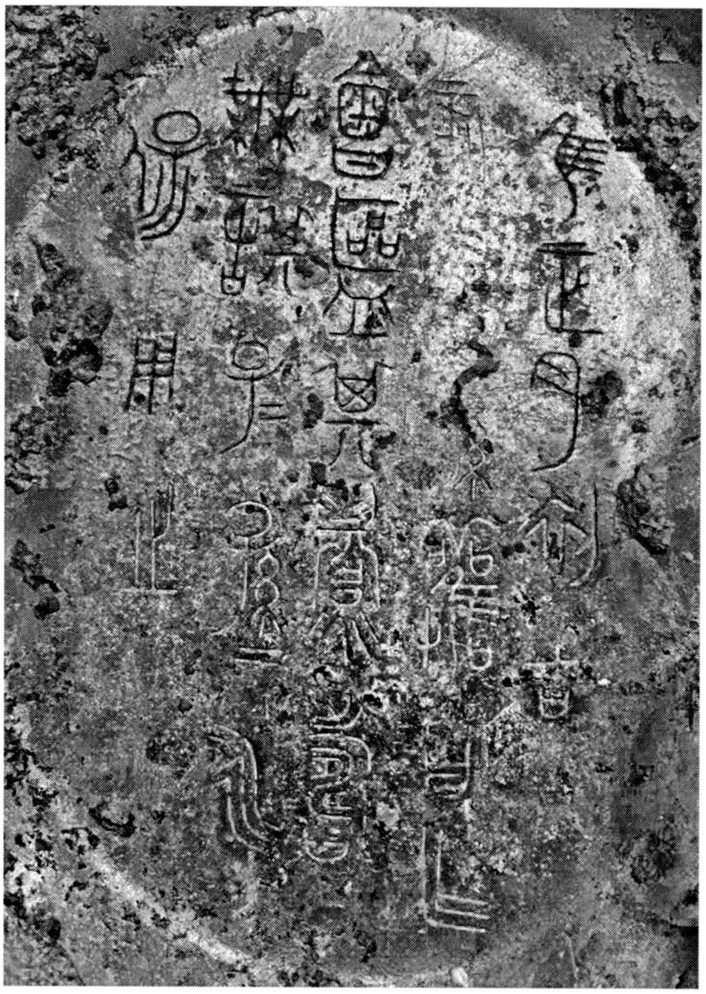

0997. 蔡大司馬燮匜

【時　　代】春秋晚期。

【出土時地】2003 年徵集。

【收 藏 者】中國國家博物館。

【尺　　度】通高 14、口寬 20.6、通
　　　　　　長 24.2 釐米。

【形制紋飾】匜體呈橢圓形,曲口平
　　　　　　底,窄沿方唇,腹部圓
　　　　　　收,流管粗壯,上飾浮
　　　　　　雕獸面紋,龍形鋬,龍
　　　　　　尾上卷。頸部飾蟠虺
　　　　　　紋,其下有一周綯紋凸
　　　　　　棱,腹部飾蟠虺紋和三角紋。

【著　　錄】百年 162 頁 77。

【銘文字數】內底刻銘文 30 字。

【銘文釋文】隹(唯)正月初吉丁亥,希(蔡)大嗣(司)馬燮乍(作)䐩(媵)孟姬炎(鑄)
　　　　　　盥盤(匜),其釁(眉)壽(壽)無萁(期),子孫永保用之。

匜

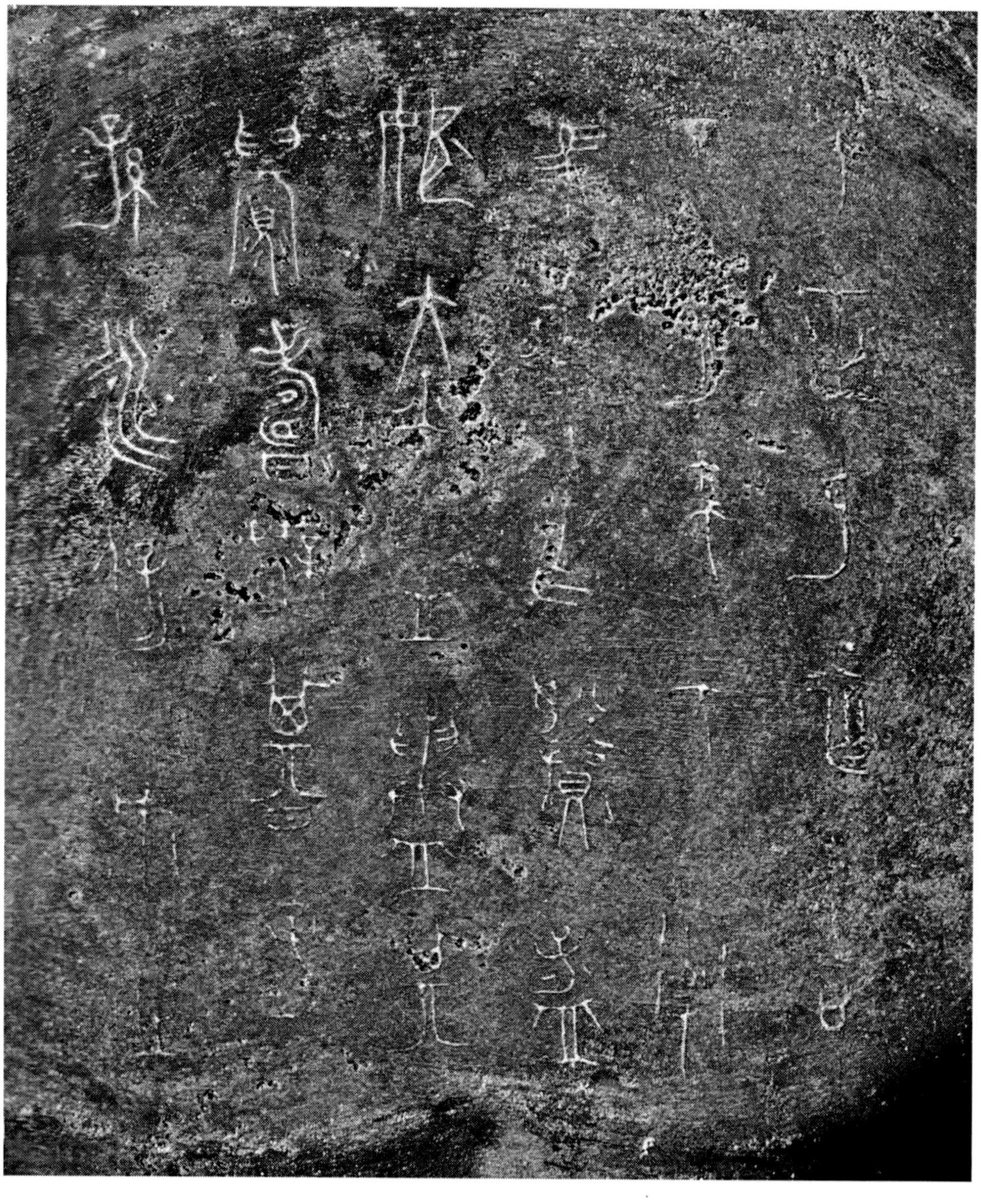

31．鑑、鎬

（0998-1000）

0998. 曾侯乙冰鑑（曾侯乙冰缶、曾侯乙鑑缶）

【時　　代】戰國早期。

【出土時地】1978 年湖北隨縣擂鼓墩（今隨州市曾都區）曾侯乙墓（c141）。

【收 藏 者】湖北省博物館。

【尺度重量】方鑑通高 63.3、口邊長 62.8 × 62 釐米。

【形制紋飾】全器由方鑑、方尊組成，方鑑有鏤空蓋，直口深腹，方圈足下接四個獸形
　　　　　　足，口沿四角和每邊正中有一塊曲尺形和方形鋪飾，鏤空方蓋，蓋面中空
　　　　　　以納方尊的頸部，腹部有八個龍形耳及方形、矩形附加裝飾，方尊置於鑑
　　　　　　的正中。通體飾勾連紋、蟠螭紋和變形蟠螭紋，或浮雕、或鏤雕、或平雕，
　　　　　　繁縟華美。

【著　　錄】楚金 352 頁。

【銘文字數】內壁和口沿同銘，各 7 字。

【銘文釋文】曾厌（侯）乙詐（作）時（持）甬（用）冬（終）。

【備　　注】冰鑑的銘文僅見《楚金》著錄，其他著錄書刊未見，鑑內方尊的銘文請參
　　　　　　見《銘圖》14073 曾侯乙缶。

内壁

口沿

0999. 鑄客鎬(集脰鎬)

【時　　代】戰國晚期·楚。

【出土時地】1933年安徽壽縣朱家集李三孤堆(今屬長豐縣朱集鄉)楚王墓。

【收藏者】安徽博物院。

【尺度重量】通高27、口徑54.5釐米,重6.91公斤。

【形制紋飾】體呈鑑形,直口微斂,深腹平底,下腹内收,上下腹之間有明顯的折棱,棱
　　　　　綫之上有四個對稱的銜環鼻鈕。通體光素。

【著　　錄】安徽銘文143頁圖120.1。

【銘文字數】口沿刻銘文7字。

【銘文釋文】盌(鑄)客䣄(爲)集脰(廚)䣄(爲)之。

1000. 吳王夫差鑑

【時　　代】春秋晚期(夫差元年至二十三年,前 495 - 前 473 年)。

【出土時地】1994 年山西太原市晉源區金勝鎮金勝村 M673。

【收　藏　者】山西省考古研究所。

【尺　　度】通高 38.5、口徑 62.7 釐米。

【形制紋飾】直口窄沿,束頸深腹,腹下部收斂,平底,兩側有一對獸首銜環耳,獸耳高
　　　　　　出器口,肩下有一道箍棱。頸部和上腹均飾蟠虺紋,下腹光素。

【著　　録】國博館刊 2012 年 2 期 37 頁圖 33。

【銘文字數】内壁鑄銘文 13 字。

【銘文釋文】攻吳王夫葊(差)羃(擇)乓(厥)吉金,自乍(作)御監(鑑)。

【備　　注】同墓出土 2 件,形制、紋飾、銘文相同。

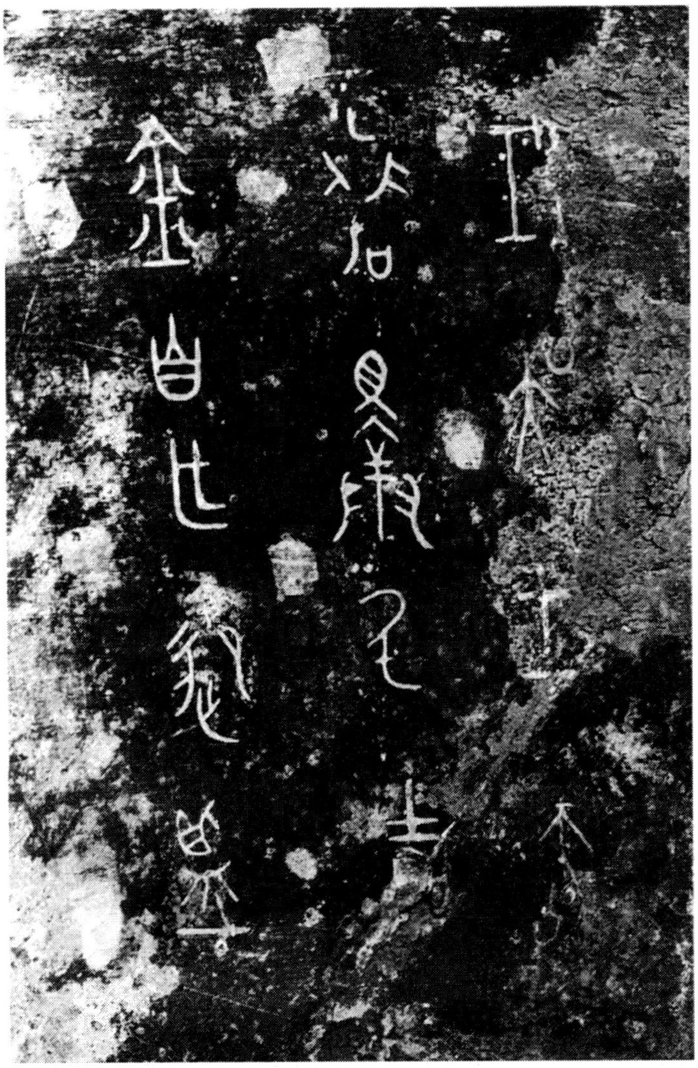

32. 鐘

（1001-1039）

1001. 曾侯子鐘甲

【時　　代】春秋早期。

【收　藏　者】某收藏家。

【尺　　度】通高 24.5 釐米。

【形制紋飾】合瓦形鈕鐘,橢環形鈕,鉦間和
篆間以凸棱作界格,每面有六
組低乳形枚。篆間飾對角夔龍
紋,鼓部飾相對的雙龍紋,舞部
飾變形夔龍紋。

【著　　錄】未著錄。

【銘文字數】鉦間及左鼓鑄銘文 7 字。

【銘文釋文】曾厌(侯)子之永用之。

【備　　注】一套共 8 件,形制、紋飾,大小
相次,銘文略有差異。另一套
曾侯子編鐘見《銘圖》第 27 卷
15141–15149。

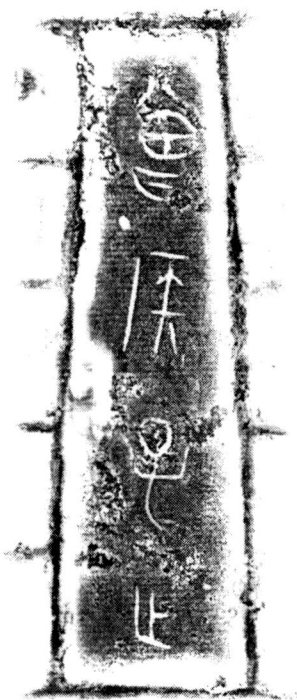

左鼓　　　　　　　　　　　鉦間

鐘

383

1002. 曾侯子鐘乙

【時　　代】春秋早期。

【收 藏 者】某收藏家。

【尺　　度】通高 23.2 釐米。

【形制紋飾】合瓦形鈕鐘,橢環形鈕,鉦間和
　　　　　　篆間以凸棱作界格,每面有六
　　　　　　組低乳形枚。篆間飾對角夔龍
　　　　　　紋,鼓部飾相對的雙龍紋,舞部
　　　　　　飾變形夔龍紋。

【著　　錄】未著錄。

【銘文字數】鉦間及左鼓鑄銘文 7 字。

【銘文釋文】曾厌(侯)子之永用之。

左鼓

鉦間

1003. 曾侯子鐘丙

【時　　代】春秋早期。

【收 藏 者】某收藏家。

【尺　　度】通高 23 釐米。

【形制紋飾】合瓦形鈕鐘,橢環形鈕,鉦間和
　　　　　篆間以凸棱作界格,每面有六
　　　　　組低乳形枚。篆間飾對角夔龍
　　　　　紋,鼓部飾相對的雙龍紋,舞部
　　　　　飾變形夔龍紋。

【著　　錄】未著錄。

【銘文字數】鉦間及左鼓鑄銘文 8 字。

【銘文釋文】曾厌(侯)子之其永用之。

左鼓　　　　　　　　　　　鉦間　　　　　　鐘

1004. 曾侯子鐘丁

【時　　代】春秋早期。

【收 藏 者】某收藏家。

【尺　　度】通高 18.8 釐米。

【形制紋飾】合瓦形鈕鐘，橢環形鈕，鉦間和篆間以凸棱作界格，每面有六組低乳形枚。篆間飾對角夔龍紋，鼓部飾相對的雙龍紋，舞部飾變形夔龍紋。

【著　　錄】未著錄。

【銘文字數】鉦間及左鼓鑄銘文 7 字。

【銘文釋文】曾厌（侯）子之其用之。

左鼓

鉦間

1005. 曾侯子鐘戊

【時　　代】春秋早期。

【收 藏 者】某收藏家。

【尺　　度】通高 17.6 釐米。

【形制紋飾】合瓦形鈕鐘,橢環形鈕,鉦間
和篆間以凸棱作界格,每面有
六組低乳形枚。篆間飾對角
夔龍紋,鼓部飾相對的雙龍
紋,舞部飾變形夔龍紋。

【著　　錄】未著錄。

【銘文字數】鉦間及左鼓鑄銘文 8 字。

【銘文釋文】曾厌(侯) 子之其永用之。

左鼓

鉦間

鐘

1006. 曾侯子鐘己

【時　　代】春秋早期。

【收 藏 者】某收藏家。

【尺　　度】通高 15.8 釐米。

【形制紋飾】合瓦形鈕鐘，橢環形鈕，鉦間和
　　　　　　篆間以凸棱作界格，每面有六組
　　　　　　低乳形枚。篆間飾對角夔龍紋，
　　　　　　鼓部飾相對的雙龍紋，舞部飾變
　　　　　　形夔龍紋。

【著　　錄】未著錄。

【銘文字數】鉦間及左鼓鑄銘文 7 字。

【銘文釋文】曾厌（侯）子之其永之。

左鼓

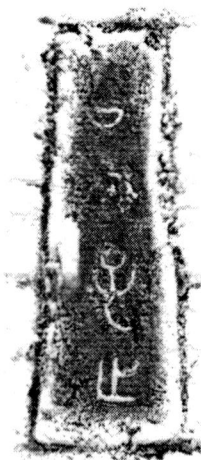
鉦間

1007. 曾侯子鐘庚

【時　　代】春秋早期。

【收 藏 者】某收藏家。

【尺　　度】通高 14.8 釐米。

【形制紋飾】合瓦形鈕鐘,橢環形鈕,鉦間和
　　　　　　篆間以凸棱作界格,每面有六組
　　　　　　低乳形枚。篆間飾對角夔龍紋,
　　　　　　鼓部飾相對的雙龍紋,舞部飾變
　　　　　　形夔龍紋。

【著　　錄】未著錄。

【銘文字數】鉦間及左鼓鑄銘文 5 字。

【銘文釋文】曾厌(侯)子之行。

左鼓

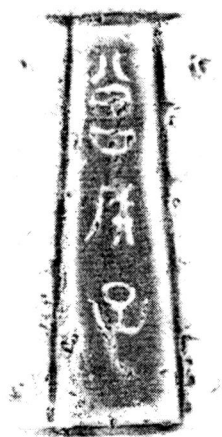

鉦間

鐘

1008. 曾侯子鐘辛

【時　　代】春秋早期。

【收 藏 者】某收藏家。

【尺　　度】通高 13.7 釐米。

【形制紋飾】合瓦形鈕鐘,橢環形鈕,鉦間和
　　　　　篆間以凸棱作界格,每面有六組
　　　　　低乳形枚。篆間飾對角夔龍紋,
　　　　　鼓部飾相對的雙龍紋,舞部飾變
　　　　　形夔龍紋。

【著　　錄】未著錄。

【銘文字數】鉦間及左鼓鑄銘文 4 字。

【銘文釋文】曾厌(侯)子之。

左鼓

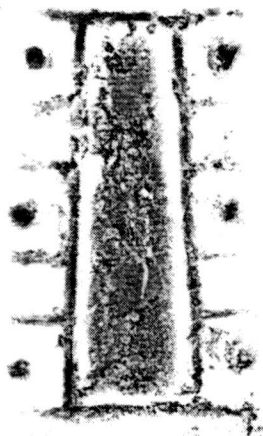

鉦間

1009. 十三年右工室鐘甲

【時　　代】戰國晚期‧秦。

【收 藏 者】某收藏家。

【尺度重量】通高 10.1、銑間 5、鼓間 4.3 釐米，重
　　　　　　280 克。

【形制紋飾】體呈合瓦形，兩銑內斂，兩欒中部外
　　　　　　鼓，內壁每邊各有兩條長方形調音
　　　　　　條。甬實心，幹有一周凸棱，中部鑄
　　　　　　有掛鈎，甬上部有三道弦紋，鉦篆間
　　　　　　皆用凸綫相隔，篆間各有三排共九個
　　　　　　枚，鉦間、篆間、鼓部、舞部以及甬的
　　　　　　上中下三段皆飾斜方格雷紋。

【著　　錄】未著錄。

【銘文字數】口沿刻銘文 14 字，內腔頂部鑄銘文
　　　　　　1 字。

【銘文釋文】口沿：十三年，右工室兼狄府安入，
　　　　　　工安造。內腔：七。

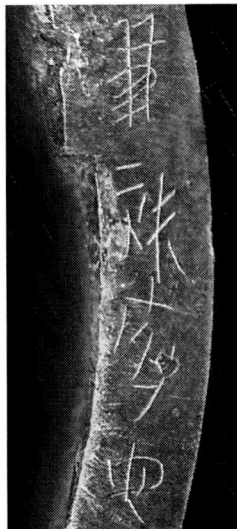

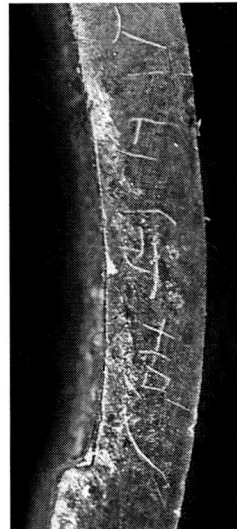

（約爲原大的 5.5 倍）

1010. 十三年右工室鐘乙

【時　　代】戰國晚期·秦。

【收　藏　者】某收藏家。

【尺度重量】通高 10、銑間 5.1、鼓間 4.2 釐米，重 280 克。

【形制紋飾】體呈合瓦形，兩銑內斂，兩欒中部外鼓，內壁每邊各有兩條長方形調音
　　　　　條。甬實心，幹有一周凸棱，中部鑄有掛鉤，甬上部有三道弦紋，鉦篆間
　　　　　皆用凸綫相隔，篆間各有三排共九個枚，鉦間、篆間、鼓部、舞部以及甬的
　　　　　上中下三段皆飾斜方格雷紋。

【著　　錄】未著錄。

【銘文字數】口沿刻銘文 17 字，內腔頂部鑄銘文 1 字。

【銘文釋文】口沿：十三年，右工室尊邑固行府宵（宜）沂工覓之造。內腔：十。

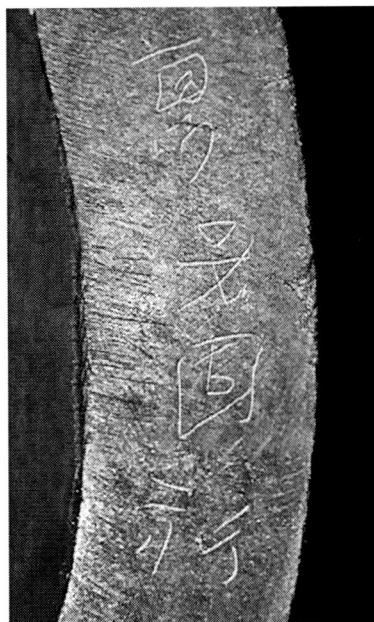

（約爲原大的 8 倍）

1011. 十三年右工室鐘丙

【時　　代】戰國晚期·秦。

【收 藏 者】某收藏家。

【尺度重量】通高 12.6、銑間 6.4、鼓間 5.4 釐米，重 640 克。

【形制紋飾】體呈合瓦形，兩銑內斂，兩欒中部外鼓，內壁每邊各有兩條長方形調音條。甬實心，幹有一周凸棱，中部鑄有掛鈎，甬上部有三道弦紋，鉦篆間皆用凸綫相隔，篆間各有三排共九個枚，鉦間、篆間、鼓部、舞部以及甬的上中下三段皆飾斜方格雷紋。

【著　　錄】未著錄。

【銘文字數】口沿刻銘文 17 字。

【銘文釋文】十三年，右工室少□□□□府□□工□造。

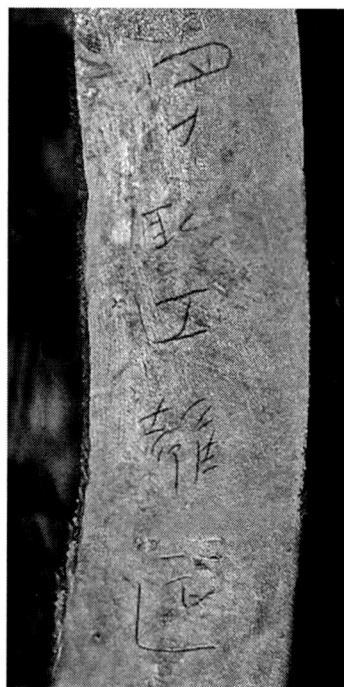

（約爲原大的 7.5 倍）

1012. 十三年右工室鐘丁

【時　　代】戰國晚期·秦。

【收 藏 者】某收藏家。

【尺度重量】通高 10.9、銑間 5.5、鼓間 4.7 釐米,重 440 克。

【形制紋飾】體呈合瓦形,兩銑內斂,兩欒中部外鼓,內壁每邊各有兩條長方形調音
　　　　　　條。甬實心,幹有一周凸棱,中部鑄有掛鈎,甬上部有三道弦紋,鉦篆間
　　　　　　皆用凸綫相隔,篆間各有三排共九個枚,鉦間、篆間、鼓部、舞部以及甬的
　　　　　　上中下三段皆飾斜方格雷紋。

【著　　錄】未著錄。

【銘文字數】口沿刻銘文 16 字,內腔頂部鑄銘文 1 字。

【銘文釋文】口沿:十三年,右工室□□□□□□□工□造。內腔:六。

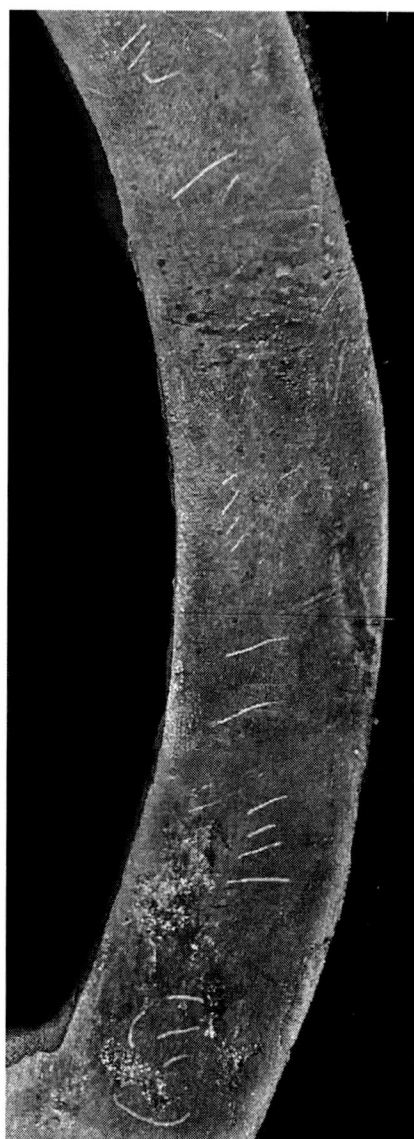

（約爲原大的 7.5 倍）

1013. 十三年詔事鐘

【時　　代】戰國晚期·秦。

【收　藏　者】某收藏家。

【尺度重量】通高11.8、銑間6、鼓間5釐米,重620克。

【形制紋飾】體呈合瓦形,兩銑內斂,兩欒中部外鼓,內壁每邊各有兩條長方形調音條。甬實心,幹有一周凸棱,中部鑄有掛鉤,甬上部有三道弦紋,鉦篆間皆用凸綫相隔,篆間各有三排共九個枚,鉦間、篆間、鼓部、舞部以及甬的上中下三段皆飾斜方格雷紋。

【著　　錄】未著錄。

【銘文字數】口沿刻銘文15字,內腔頂部鑄銘文1字。

【銘文釋文】口沿:十三年,詔事□少賢□府雒工□造,苐(第)。內腔:八。

(約爲原大的6倍)

1014. 越邾莒盟辭鐘（原稱鳳鳴鐘、鳥篆鐘）

【時　　代】春秋晚期。

【收 藏 者】下落不明。

【形制紋飾】合瓦形，闊腔無枚，兩銑內斂，兩欒中部外鼓。體飾蟠螭紋。

【著　　錄】綴遺 2.32，鳥蟲書增圖 250.1、2。

【銘文字數】正背面共鑄銘文 16 字。

【銘文釋文】尸（夷）□呂（莒）大土，邺（越）立建□□城邾（？），曰：唯余聿（盡）。

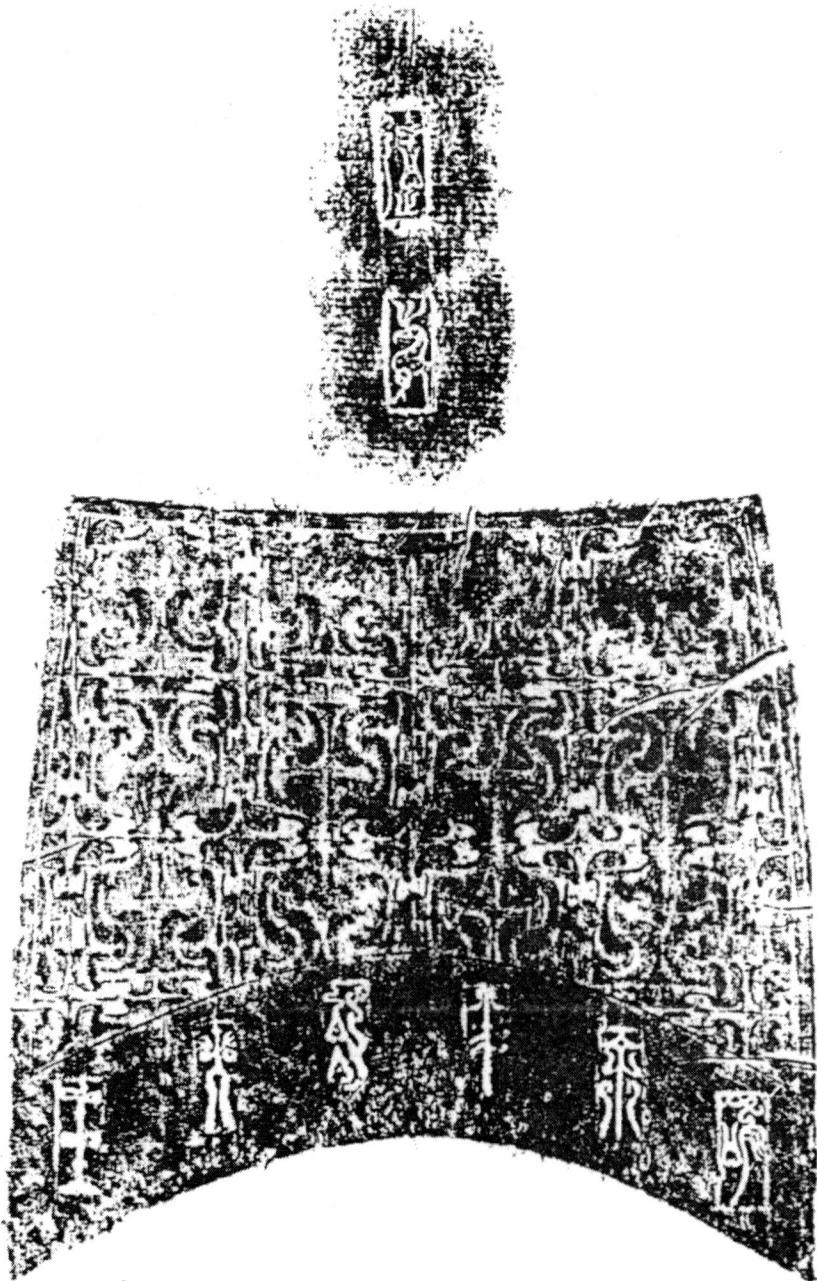

鐘

1015. 楚季鐘

【時　　代】西周中期後段。
【出土時地】2012 年 6 月湖北宜昌縣白楊鎮萬福堖西周遺址。
【收 藏 者】宜昌博物館。
【形制紋飾】合瓦形，有幹有旋，篆、鉦之間用連續的小乳釘相隔，每面有三排共十六個枚，枚呈兩段形。篆間飾竊曲紋。
【著　　録】文物報 2012 年 9 月 28 日 8 版。
【銘文字數】鉦間刻鑄銘文 17 字(其中重文 1)。
【銘文釋文】楚季寶鍾(鐘)，氒(厥)孫廼獻于公$_{=}$(公，公)亓(其)萬年受氒(厥)福。

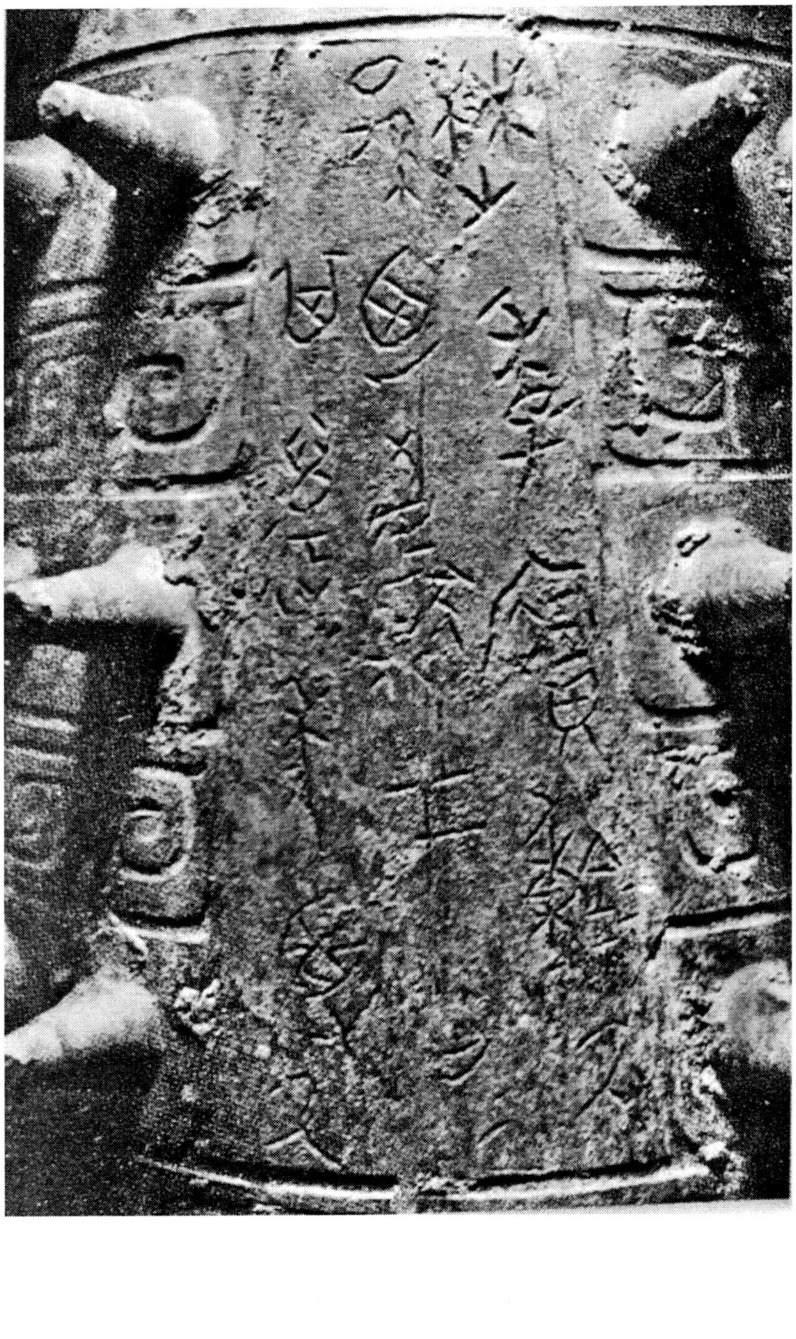

1016. 鍾離君柏鐘（童麗君柏鐘）甲

【時　　代】春秋中期。

【出土時地】2008 年 6 月安徽蚌埠市淮上區小蚌埠鎮雙墩村春秋墓（M1.1）。

【收 藏 者】蚌埠市博物館。

【尺　　度】通高 26.6、鈕高 4.2、銑間 18、鼓間 13.8、舞修 15.3、舞廣 11.3 釐米。

【形制紋飾】合瓦形鈕鐘，長環形鈕，鉦間和篆間以絢索凸棱作界格，每面有六組弧面
　　　　　　形枚。篆間及背面鉦間均飾蟠虺紋，舞部和鼓部飾雲雷紋組成的變形
　　　　　　獸紋。

【著　　錄】鍾離君 73 頁圖 39。

【銘文字數】鉦間鑄銘文 20 字。

【銘文釋文】隹（唯）王正月初吉丁亥，童（鍾）麗（離）君柏乍（作）其行鐘。童（鍾）麗
　　　　　　（離）之金。

【備　　注】一套共 9 件，形制、紋飾、銘文相同，大小相次。

鐘

403

1017. 鍾離君柏鐘（童麗君柏鐘）乙

【時　　代】春秋中期。

【出土時地】2008 年 6 月安徽蚌埠市淮上區小蚌埠鎮雙墩村春秋墓（M1.2）。

【收　藏　者】蚌埠市博物館。

【尺　　度】通高 25.4、鈕高 4.5、銑間 15.4、鼓間 13.3、舞修 13.8、舞廣 10.7 釐米。

【形制紋飾】合瓦形鈕鐘，長環形鈕，鉦間和篆間以絢索凸棱作界格，每面有六組弧面形枚。篆間及背面鉦間均飾蟠虺紋，舞部和鼓部飾雲雷紋組成的變形獸紋。

【著　　錄】考古學報 2013 年 2 期 256 頁圖 23，鍾離君 77 頁圖 42。

【銘文字數】鉦間鑄銘文 19 字。

【銘文釋文】隹（唯）王正月初吉丁亥，童（鍾）麗（離）君柏乍（作）其行鐘，童（鍾）麗（離）金。

鐘

1018. 鍾離君柏鐘（童麗君柏鐘）丙

【時　　代】春秋中期。

【出土時地】2008 年 6 月安徽蚌埠市淮上區小蚌埠鎮雙墩村春秋墓（M1.3）。

【收　藏　者】蚌埠市博物館。

【尺　　度】通高 24.8、鈕高 4.2、銑間 15.6、鼓間 12.2、舞修 12.6、舞廣 9.8 釐米。

【形制紋飾】合瓦形鈕鐘，長環形鈕，鉦間和篆間以絢索凸棱作界格，每面有六組弧面
　　　　　　形枚。篆間及背面鉦間均飾蟠虺紋，舞部和鼓部飾雲雷紋組成的變形
　　　　　　獸紋。

【著　　錄】鍾離君 81 頁圖 45。

【銘文字數】鉦間鑄銘文 20 字。

【銘文釋文】佳（唯）王正月初吉丁亥，童（鍾）麗（離）君柏乍（作）其行鐘。童（鍾）麗
　　　　　　（離）之金。

鐘

1019. 鍾離君柏鐘（童麗君柏鐘）丁

【時　　代】春秋中期。

【出土時地】2008年6月安徽蚌埠市淮上區小蚌埠鎮雙墩村春秋墓（M1.4）。

【收　藏　者】蚌埠市博物館。

【尺　　度】通高22.5、鈕高4.2、銑間14.8、鼓間11.3、舞修12、舞廣9.3釐米。

【形制紋飾】合瓦形鈕鐘，長環形鈕，鉦間和篆間以絢索凸棱作界格，每面有六組弧面
　　　　　　形枚。篆間及背面鉦間均飾蟠虺紋，舞部和鼓部飾雲雷紋組成的變形
　　　　　　獸紋。

【著　　録】鍾離君85頁圖48.1。

【銘文字數】鉦間鑄銘文20字。

【銘文釋文】佳（唯）王正月初吉丁亥，童（鍾）麗（離）君柏乍（作）其行鐘。童（鍾）麗
　　　　　　（離）之金。

鐘

1020. 鍾離君柏鐘（童麗君柏鐘）戊

【時　　代】春秋中期。

【出土時地】2008年6月安徽蚌埠市淮上區小蚌埠鎮雙墩村春秋墓（M1.5）。

【收　藏　者】蚌埠市博物館。

【尺　　度】通高22.5、鈕高4.2、銑間14.8、鼓間11.3、舞修12、舞廣9.3釐米。

【形制紋飾】合瓦形鈕鐘，長環形鈕，鉦間和篆間以絢索凸棱作界格，每面有六組弧面
　　　　　　形枚。篆間及背面鉦間均飾蟠虺紋，舞部和鼓部飾雲雷紋組成的變形
　　　　　　獸紋。

【著　　錄】鍾離君90頁圖50.2。

【銘文字數】鉦間及左鼓鑄銘文19字。

【銘文釋文】隹（唯）王正月初［吉］丁亥，童（鍾）麗（離）君柏乍（作）其行鐘。童（鍾）
　　　　　　麗（離）之金。

【備　　注】銘文漏鑄"吉"字。

鐘

1021. 鍾離君柏鐘（童麗君柏鐘）己

【時　　代】春秋中期。

【出土時地】2008 年 6 月安徽蚌埠市淮上區小蚌埠鎮雙墩村春秋墓（M1.6）。

【收　藏　者】蚌埠市博物館。

【尺度重量】通高 19.7、鈕高 3.2、銑間 12.2、鼓間 9.6、舞修 10、舞廣 7.6 釐米。

【形制紋飾】合瓦形鈕鐘，長環形鈕，鉦間和篆間以絢索凸棱作界格，每面有六組弧面
　　　　　　形枚。篆間及背面鉦間均飾蟠虺紋，舞部和鼓部飾雲雷紋組成的變形
　　　　　　獸紋。

【著　　録】鍾離君 94 頁圖 52.2。

【銘文字數】鉦間鑄銘文 20 字。

【銘文釋文】隹（唯）王正月初吉丁亥，童（鍾）麗（離）君柏乍（作）其行鐘。童（鍾）麗
　　　　　　（離）之金。

鐘

1022. 鍾離君柏鐘（童麗君柏鐘）庚

【時　　代】春秋中期。

【出土時地】2008 年 6 月安徽蚌埠市淮上區小蚌埠鎮雙墩村春秋墓（M1.7）。

【收 藏 者】蚌埠市博物館。

【尺　　度】通高 18.4、鈕高 3.2、銑間 11.4、鼓間 9、舞修 9.2、舞廣 7.4 釐米。

【形制紋飾】合瓦形鈕鐘，長環形鈕，鉦間和篆間以絢索凸棱作界格，每面有六組弧面
　　　　　　形枚。篆間及背面鉦間均飾蟠虺紋，舞部和鼓部飾雲雷紋組成的變形
　　　　　　獸紋。

【著　　録】鍾離君 98 頁圖 54.2。

【銘文字數】鉦間鑄銘文 17 字。

【銘文釋文】佳（唯）王正月初吉丁亥，童（鍾）麗（離）君柏乍（作）其行鐘。童（鍾）。

鐘

1023. 鍾離君柏鐘(童麗君柏鐘)辛

【時　　代】春秋中期。

【出土時地】2008年6月安徽蚌埠市淮上區小蚌埠鎮雙墩村春秋墓(M1.8)。

【收　藏　者】蚌埠市博物館。

【尺　　度】通高17.3、鈕高3.2、銑間10.7、鼓間8、舞修9、舞廣6.4釐米。

【形制紋飾】合瓦形鈕鐘,長環形鈕,鉦間和篆間以絢索凸棱作界格,每面有六組弧面
　　　　　　形枚。篆間及背面鉦間均飾蟠虺紋,舞部和鼓部飾雲雷紋組成的變形
　　　　　　獸紋。

【著　　錄】鍾離君102頁圖56.2。

【銘文字數】鉦間鑄銘文19字。

【銘文釋文】隹(唯)王正月初吉丁亥,童(鍾)麗(離)君柏乍(作)[其]行鐘。童(鍾)
　　　　　　麗(離)之金。

【備　　注】銘文漏鑄"其"字。

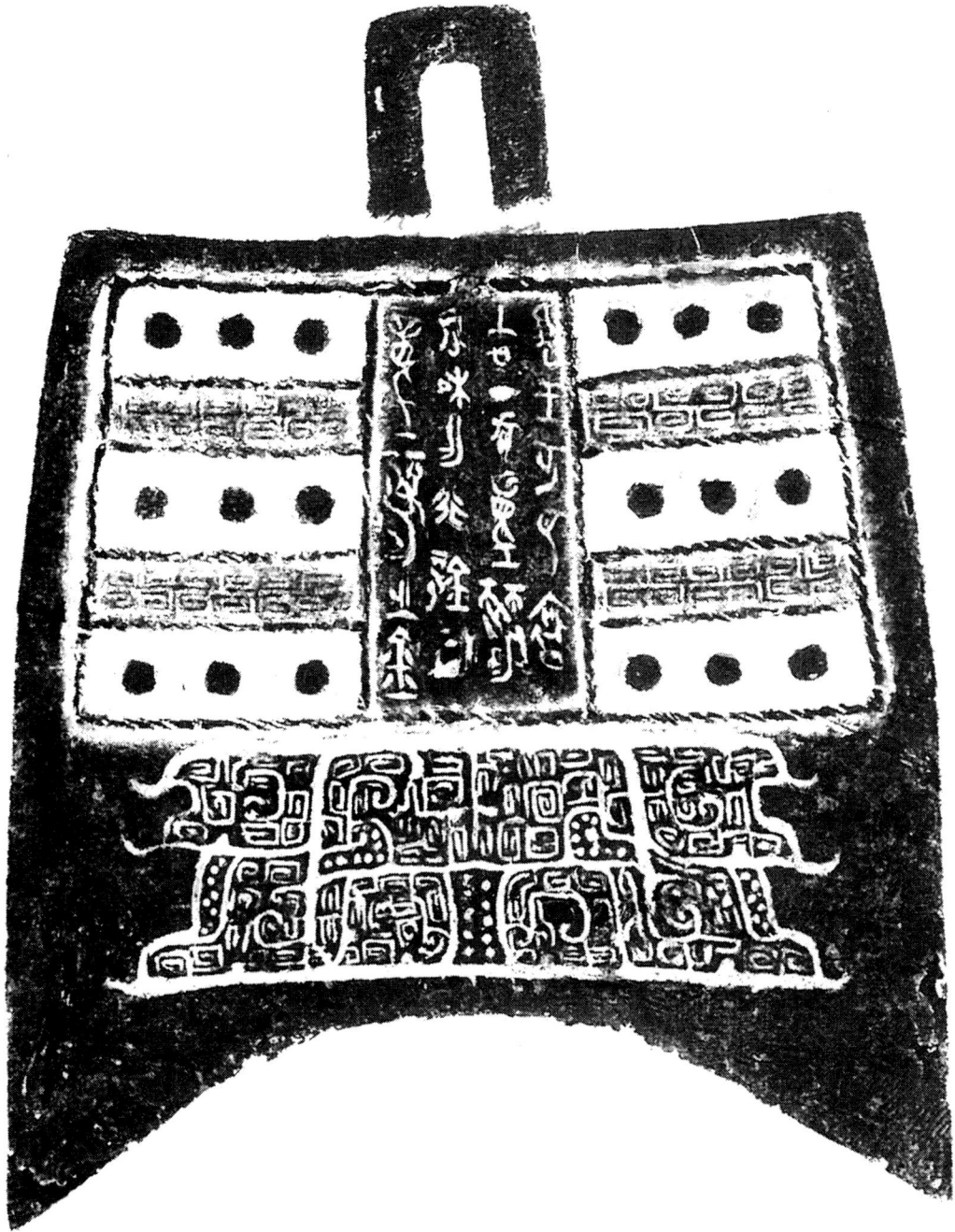

鐘

1024. 鍾離君柏鐘（童麗君柏鐘）壬

【時　　代】春秋中期。

【出土時地】2008 年 6 月安徽蚌埠市淮上區小蚌埠鎮雙墩村春秋墓（M1.9）。

【收 藏 者】蚌埠市博物館。

【尺　　度】通高 15.8、鈕高 3.5、銑間 9.8、鼓間 7.4、舞修 8.1、舞廣 6 釐米。

【形制紋飾】合瓦形鈕鐘，長環形鈕，鉦間和篆間以絢索凸棱作界格，每面有六組弧面
　　　　　　形枚。篆間及背面鉦間均飾蟠虺紋，舞部和鼓部飾雲雷紋組成的變形
　　　　　　獸紋。

【著　　錄】鍾離君 106 頁圖 58.1。

【銘文字數】鉦間及左鼓鑄銘文 20 字。

【銘文釋文】佳（唯）王正月初吉丁亥，童（鍾）麗（離）君柏乍（作）其行鐘。童（鍾）麗
　　　　　　（離）之金。

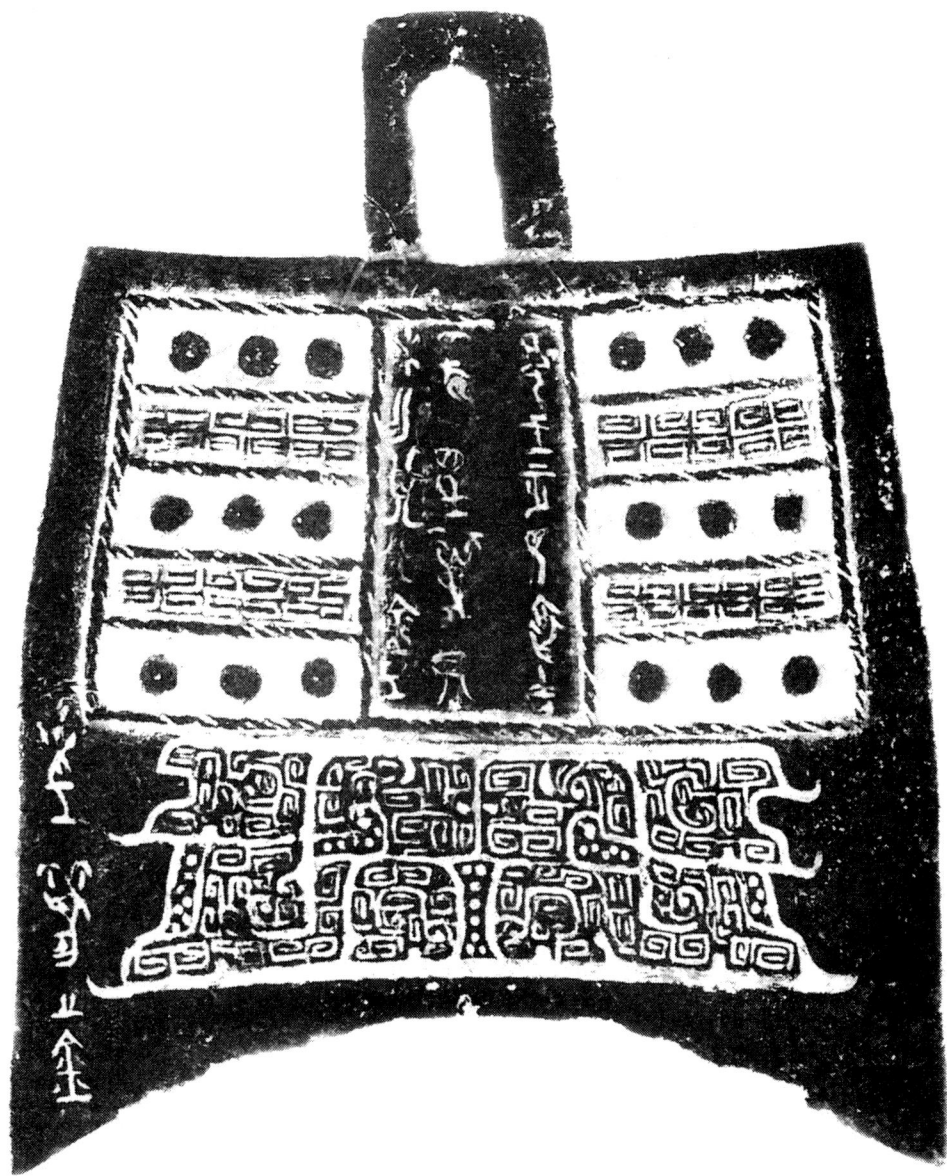

鐘

1025. 曾侯鐘

【時　　代】春秋晚期。

【出土時地】2011 年 9 月湖北隨州市曾都區文峰塔曾國墓地（M4.016）。

【收　藏　者】隨州市博物館。

【尺度重量】通高 43.4、甬長 16.6、銑間 19.5、舞修 17、舞廣 12.5 釐米，重 9.415 公斤。

【形制紋飾】鐘體爲合瓦形，上窄下寬，細長甬呈八棱型，上細下粗，旋幹齊備，正背面
　　　　　各有長枚 18 個。鉦、篆之間以絢索突棱相隔，甬體飾蟠虺紋，間以細密
　　　　　幾何紋；旋上飾四個渦紋，間飾幾何紋；幹、舞部及篆間均飾蟠虺紋，鼓
　　　　　部飾盤龍紋。

【著　　錄】江漢考古 2015 年 1 期 5 頁拓片 1、2。

【銘文字數】正背面的鉦間、左右鼓部共刻銘文 37 字（其中重文 1），從背面右鼓起讀。

【銘文釋文】徇喬（驕）臧（壯）武，砦（左）右 [背面右鼓]，楚王弗戲（討）是無（許）[背
　　　　　面鉦間]，穆＝（穆穆）曾厌（侯），悢（畏）記（忌）愠（溫）[背面左鼓] 韓
　　　　　（恭），□□□□□ [正面右鼓] 命，台（以）憂此鰥寡 [正面鉦間]，妥（綏）
　　　　　遺（？）皮（彼）無□，余 [正面左鼓]……

【備　　注】此鐘是一套編鐘的一件，銘文前後俱缺。

正面

背面

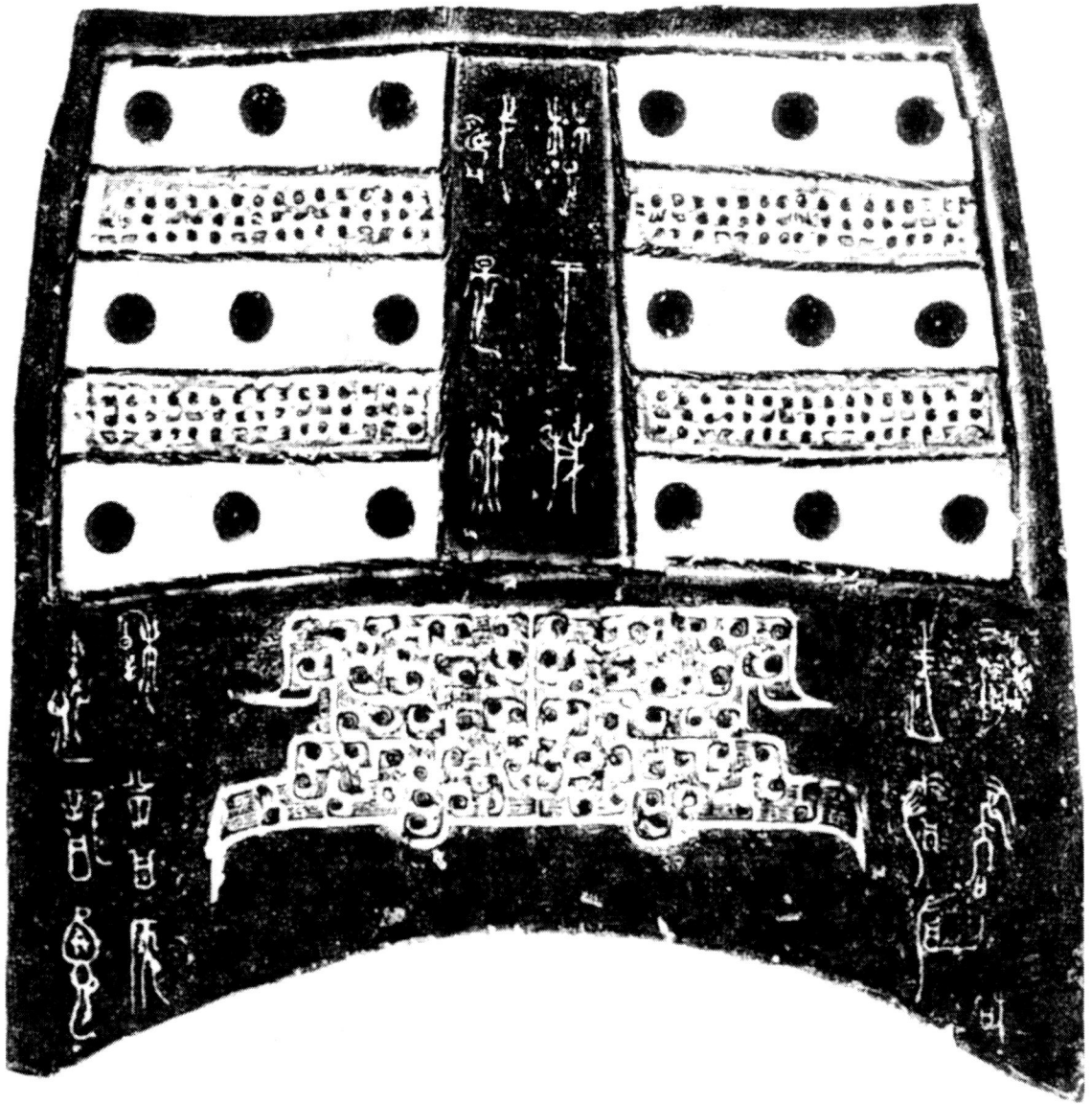

背面(原高 27 釐米)

鐘

421

正面（原高 27 釐米）

背面鉦間

背面右鼓

鐘

423

正面右鼓

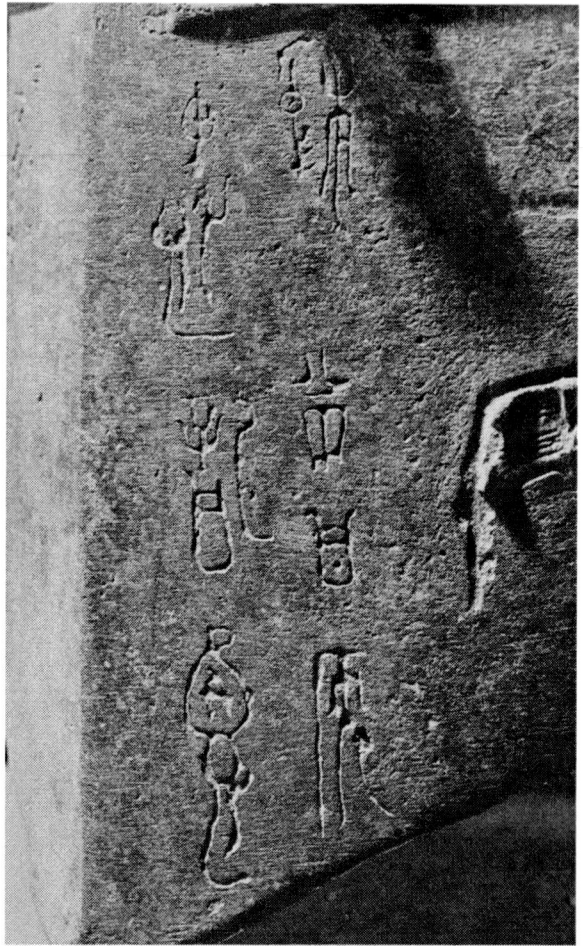

背面左鼓

正面左鼓

正面鉦間

1026. 史柞鐘

【時　　　代】西周晚期。

【收　藏　者】臺灣震榮堂（陳鴻榮、王亞玲夫婦）。

【出土時地】相傳二十世紀陝西出土。

【尺　　　度】通高 51、銑間 28 釐米。

【形制紋飾】體呈合瓦形，甬和腔體相通，甬上設旋、幹。鉦篆之間以凸棱爲界格，兩面各飾六組長枚，旋部飾獸目紋，舞部飾雲紋，篆間飾雙頭夔龍紋，鼓部飾一對顧龍紋。

【著　　　録】金銅器 286 頁樂器 02。

【銘文字數】鉦間和左鼓鑄銘文 41 字。

【銘文釋文】史柞乍（作）朕（朕）皇考穌鐘，用訝（祈）侃朕（朕）皇考，用口［無］彊（疆），康巏，屯（純）魯王（永）命，用乍（作）永寶用亯（享），釁（眉）耆（壽）萬年，子孫永寶用亯（享）孝。

【備　　　注】一套共八件，現僅著録二件。銘文錯亂，"永命"鑄爲"王命"，"永寶用亯（享）"重出。另一件見《銘圖》第 28 卷 15318。

鉦間

左鼓

1027. 邁郘鐘（甚六鐘）

【時　　代】春秋早期。

【出土時地】1984 年 7 月江蘇丹徒縣（今鎮江市丹徒區）大港鎮北山頂春秋墓。

【收　藏　者】南京博物院。

【形制紋飾】闊腔低枚有銑式。口部呈内弧形，鉦篆之間以絢索箍棱爲界格，其間每
　　　　　　面有三排九個螺旋形枚，舞部有扁環鈕。舞、篆間飾交龍紋，鼓部飾兩兩
　　　　　　相對的龍紋。

【著　　錄】鎮江銅 131。

【銘文字數】鉦間、欒部和鼓部鑄銘文 72 字（其中重文 4）。

【銘文釋文】隹（唯）王正月初吉丁亥，舍（徐）王之孫、訷（尋）楚獣之子邁（甚）郘（六），
　　　　　　羃（擇）乎（厥）吉金，乍（作）盞（鑄）穌鐘，台（以）言（享）于我先且（祖）。
　　　　　　余鏽（鑪）鏐是羃（擇），允唯吉金，乍（作）盞（鑄）穌鐘，我台（以）題台（以）
　　　　　　南，中鳴媞（是）好，我台（以）樂我心，它=（它它）巳=（巳巳），子=（子子）
　　　　　　孫=（孫孫），羕（永）保用之。

【備　　注】《銘圖》第 28 卷已著錄 2 件（15520、15521）。

鐘

1028. 逨鐘一

【時　　代】西周晚期。

【出土時地】1985 年 8 月陝西眉縣馬家鎮楊家村西周銅器窖藏。

【收　藏　者】美國克利夫蘭博物館。

【尺　　度】通高 70、寬 37 釐米。

【形制紋飾】體呈合瓦形,甬和腔體相通,甬上設旋、幹。鉦篆之間以凸棱爲界格,兩
　　　　　　面各飾六組長枚,旋飾獸目紋,舞部飾雲紋,篆間飾雙頭夔龍紋,鼓部飾
　　　　　　一對顧龍紋。

【著　　錄】未著錄。

【銘文字數】鉦間和左右鼓鑄銘文 130 字(其中重文 12)。

【銘文釋文】逨曰:不(丕)顯朕(朕)皇考,克眔(舜)明乎(厥)心,帥用乎(厥)先且(祖)
　　　　　　考政德,宫(享)辟先王,逨卸(御)于乎(厥)辟,不叡(敢)爻(墜),虔夙(夙)
　　　　　　夕敬乎(厥)死事天子,坙(經)朕(朕)先且(祖)服(服),多易(錫)逨休,
　　　　　　令(命)癲嗣(司)三(四)方吴(虞)替(林)。逨叡(敢)對天子不(丕)顯
　　　　　　魯休覒(揚),用乍(作)朕(朕)皇考龏(恭)弔(叔)龢鐘(鐘),鎗鎗恩恩,
　　　　　　雝雝(肅肅)鏘鏘(雝雝),用追孝卲各(格)喜侃耂(前)文人,耂(前)文人
　　　　　　嚴(嚴)才(在)上,叞叞熹熹,降余多福,康娛(娛)屯(純)右(祐)永令(命),
　　　　　　逨甘(其)萬年釁(眉)耆(壽),畯(畯)臣天子,子子孫孫永寶。

【備　　注】整套爲八件,《銘圖》第 29 卷已著錄 5 件(15634-15638),這件是最大的
　　　　　　一件,還缺第五、第六件。

右鼓

鉦間

左鼓

1029. 曾侯與鐘 A1（曾侯膝鐘）

【時　　代】春秋晚期。

【出土時地】2009 年湖北隨州市曾都區文峰塔曾國墓地（M1.1）。

【收　藏　者】隨州市博物館。

【尺　　度】通高 112.6、甬長 44.2、衡徑 10、舞修 42.8、舞廣 32.6、銑間 49.2、鼓間 38 釐米。

【形制紋飾】高大厚重，扁圓體，形如合瓦，上窄下寬，銑邊有棱，八棱柱形甬，下粗上細，旋幹齊備，旋上有四個圓泡形突起，體的正背面各有 18 個枚，鉦間和篆間以絢紋凸棱相隔。甬、旋、幹均飾浮雕狀細密的蟠虺紋，舞部和篆間飾浮雕蟠螭紋，鼓部飾蟠龍紋。

【著　　録】江漢考古 2014 年 4 期 17-22 頁拓本 3-8，摹本 1-6。

【銘文字數】正背面的鉦間、左右鼓部鑄銘文，共 169 字（其中重文 1）。

【銘文釋文】隹（唯）王正月，吉日甲午，曾医（侯）膝（與）曰：白（伯）簼（括）上臀，墨（左）碞（右）文武，達塦（殷）之命，羃（撫）敫（定）天下，王謟（逝）命南公，鑾（營）庀（宅）塗（汭）土，君北（庇）淮尸（夷），覷（臨）有江瀕（夏）。周室之既庳（卑），厰（吾）用燮譆（戚）楚。吳恃有眾庶行夒（亂），西政（征）南伐，乃加於楚，智（荊）邦既厰（爵-削），而天命洒（將）誤（虞）。有懸（嚴）曾医（侯），鐅＝（業業）乑（厥）諲（聖），親博（薄）武攻（功），楚命是爭（靖），遐（復）敫（定）楚王，曾医（侯）之龗（靈）。穆［穆］曾医（侯），惑（壯）武悢（畏）諰（忌），共（恭）寢（寅）齋𦋹（盟），伐武之表，裹（懷）燮四旁（方）。余𤔲（申）圐（固）楚成，整遐（復）曾疆。羃（擇）悖（辟）吉金，自酢（作）宗彝，穌鐘鳴銃（皇），用考（孝）［台（以）］亯（享）于辟（昭）皇昌（祖），吕（以）祈贙（眉）耆（壽），大命之長，朋（期-其）肫（純）譓（德）降舍（余），萬殊（世）是惝（尚）。

【備　　注】參照曾侯與鐘 A3 摹本得知，此摹本中的"伐武之表"中的"伐、表"和"整遐（復）曾疆"中的"整"字臨摹有誤。

正面鉦間 1（原高 32 釐米）

正面鉦間 2

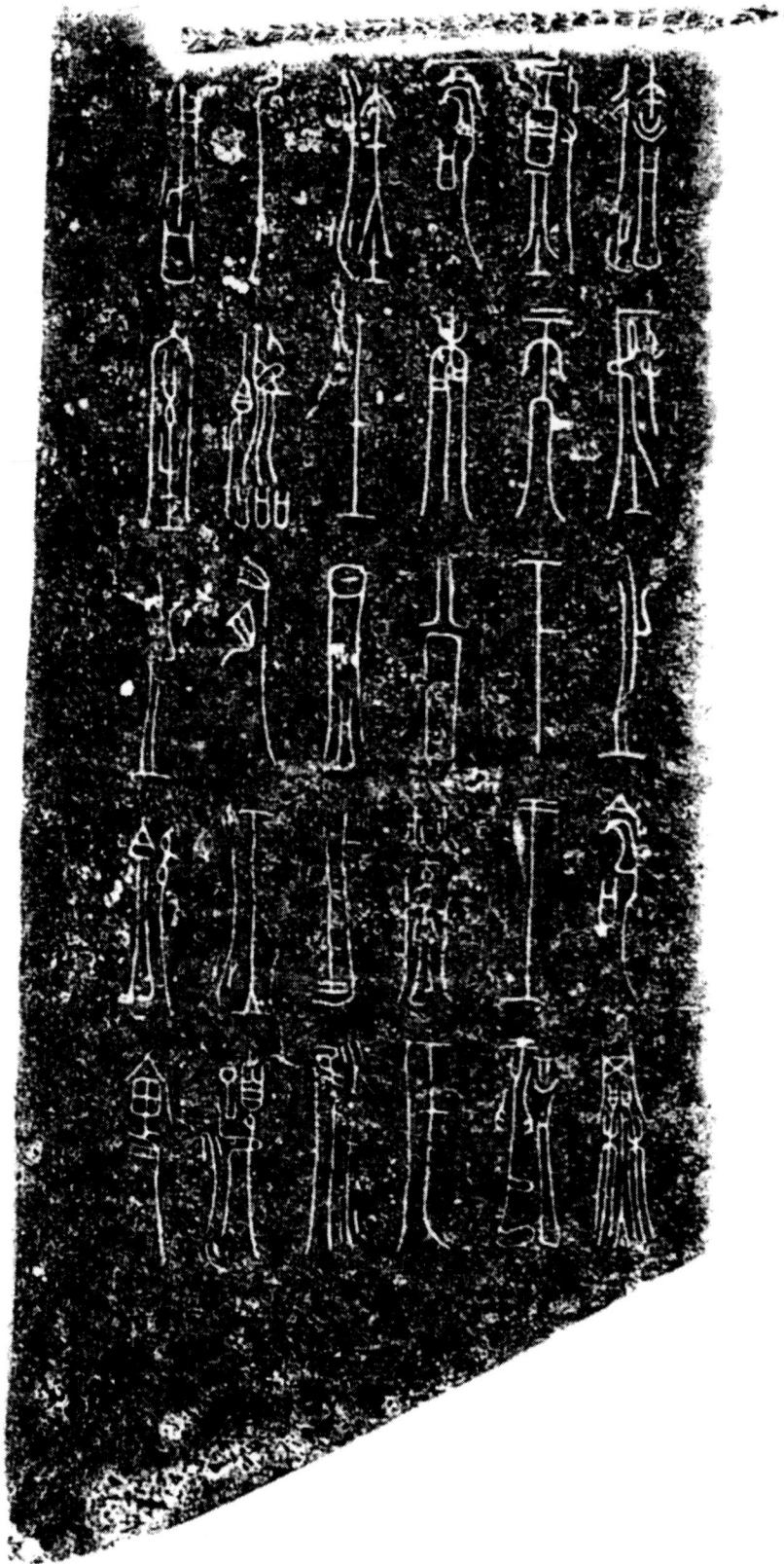

正面左鼓 1（原高 34 釐米）

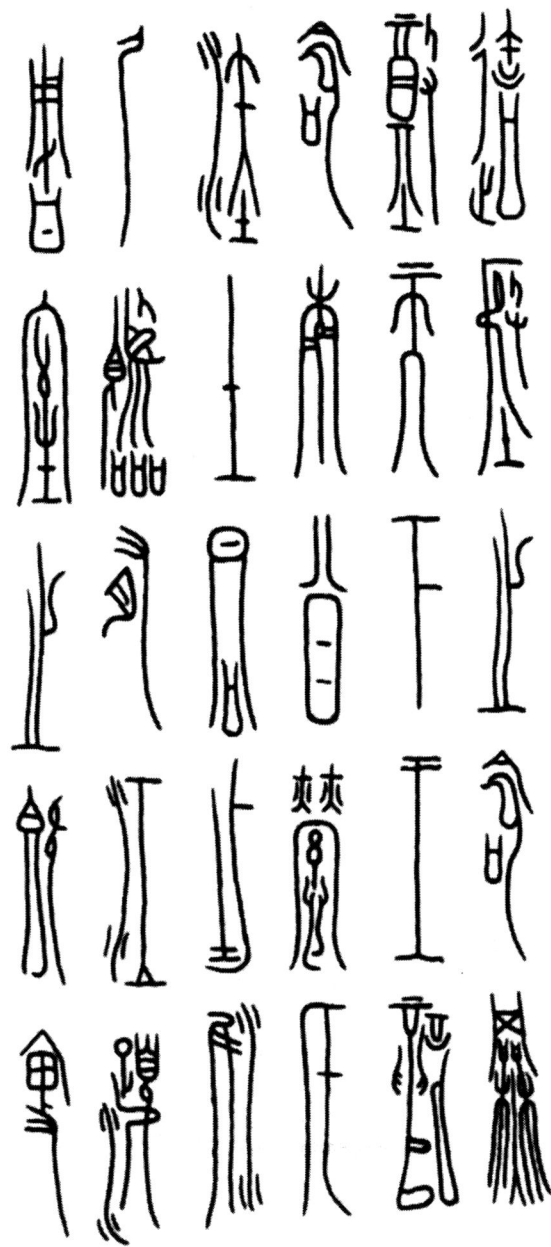

正面左鼓 2

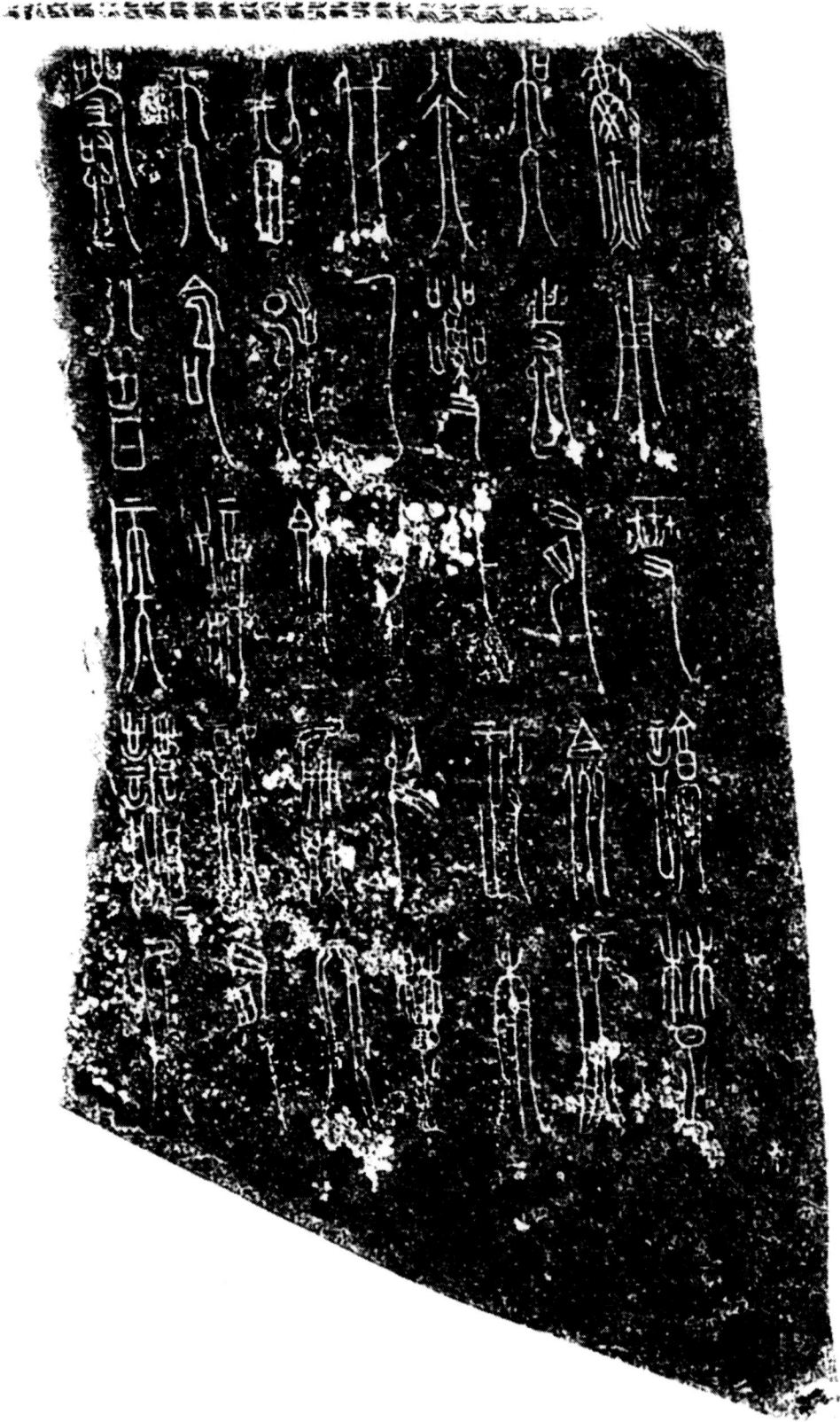

背面右鼓 1（原高 34 釐米）

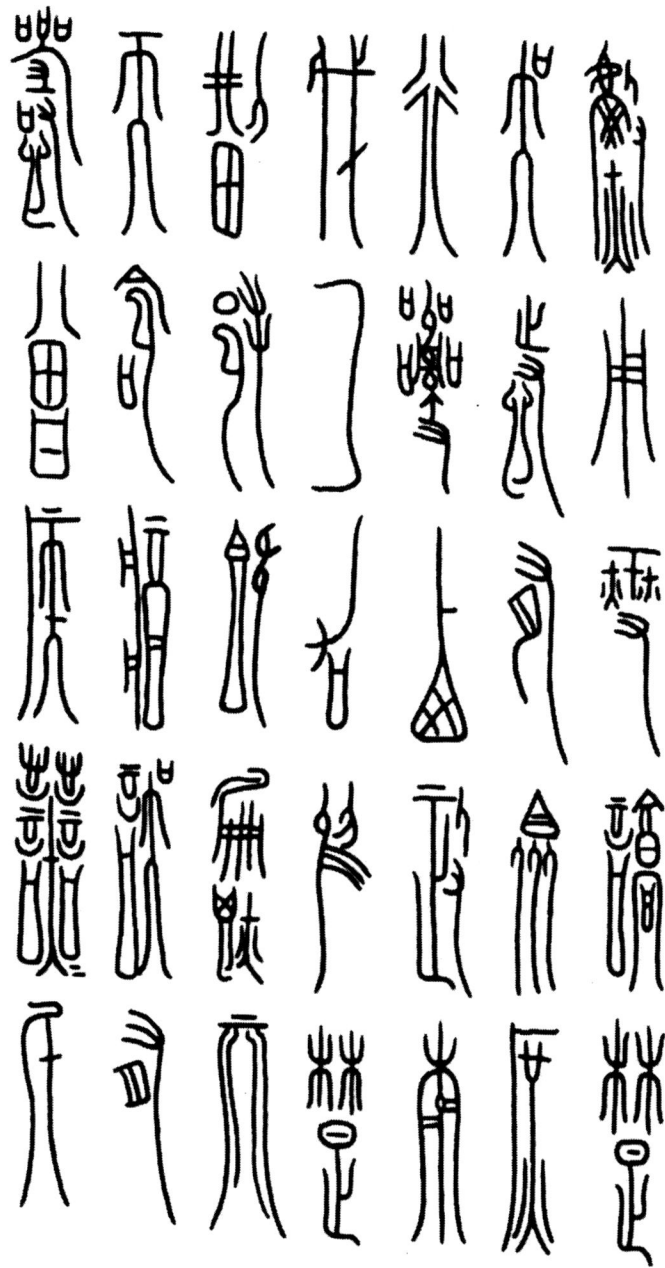

背面右鼓 2

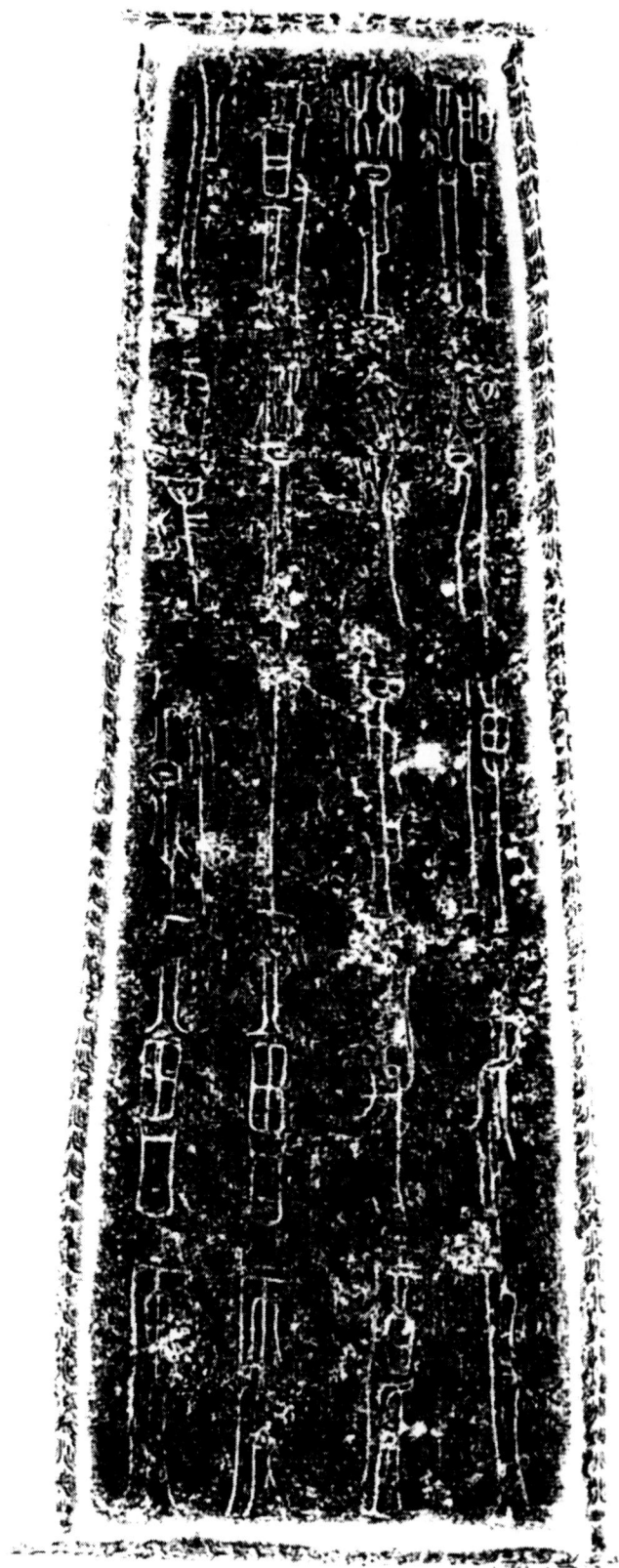

背面鉦間 1（原高 32 釐米）

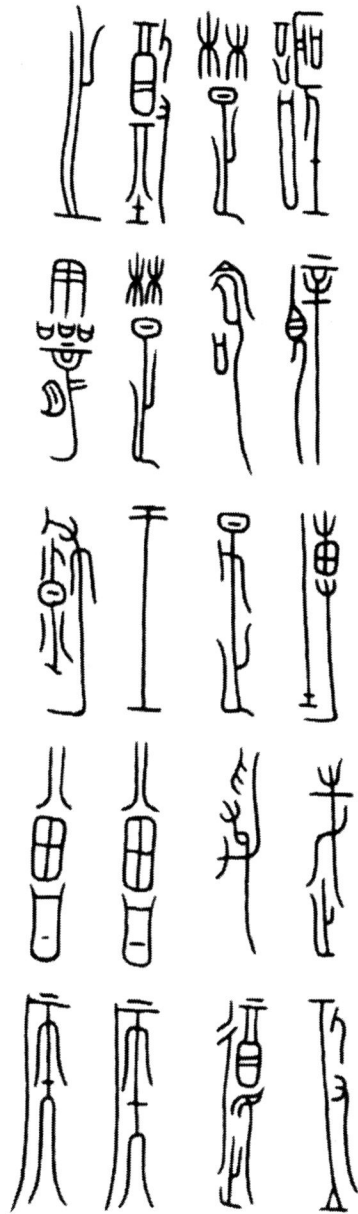

背面鉦間 2

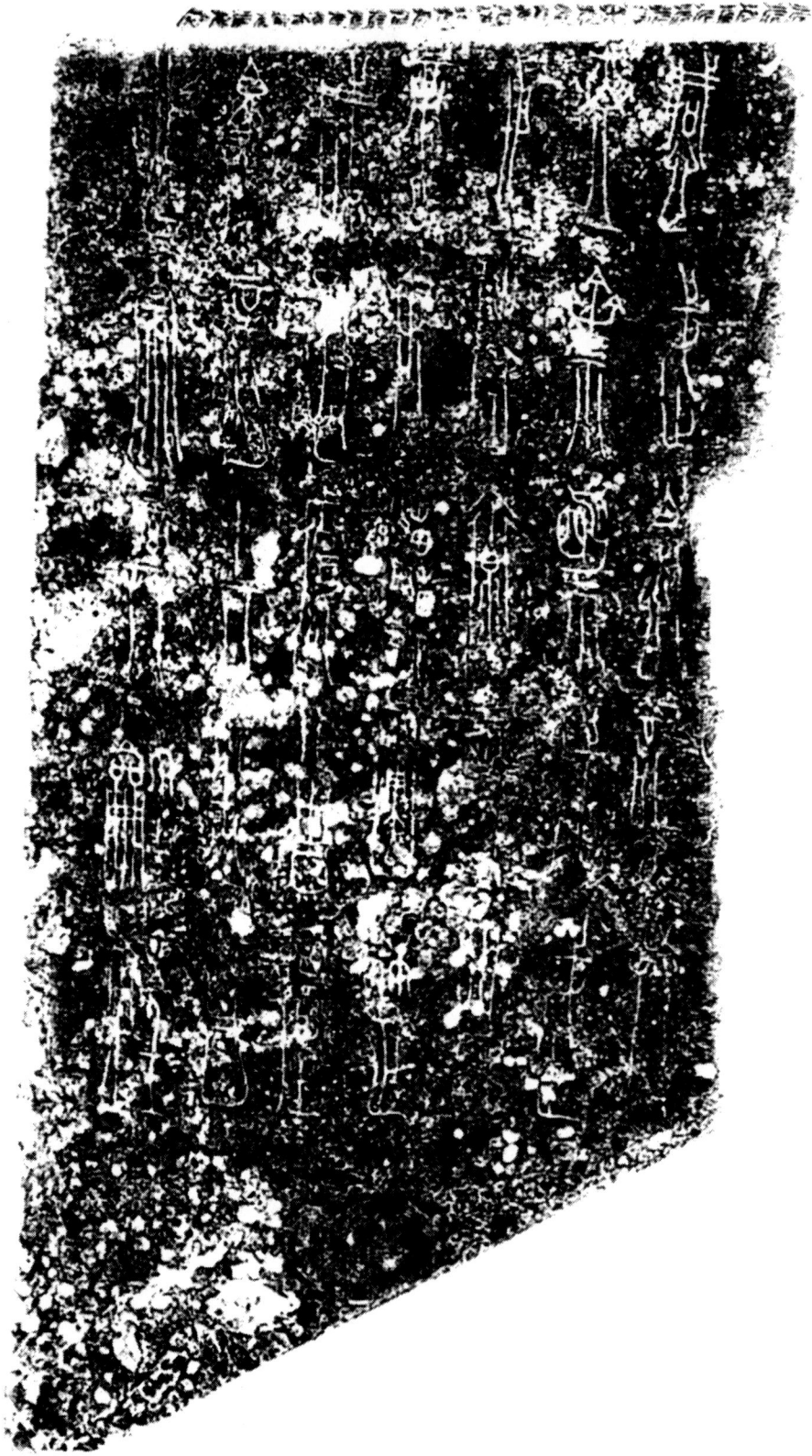

背面左鼓 1（原高 34 釐米）

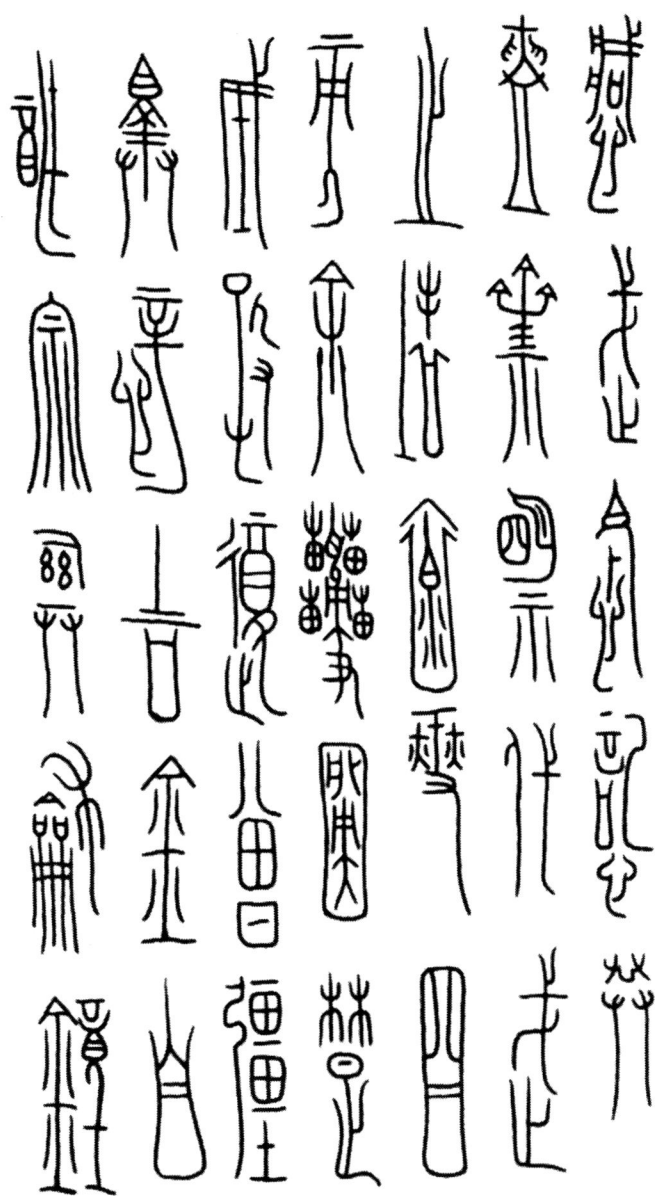

背面左鼓 2

正面右鼓 1（原高 34 釐米）

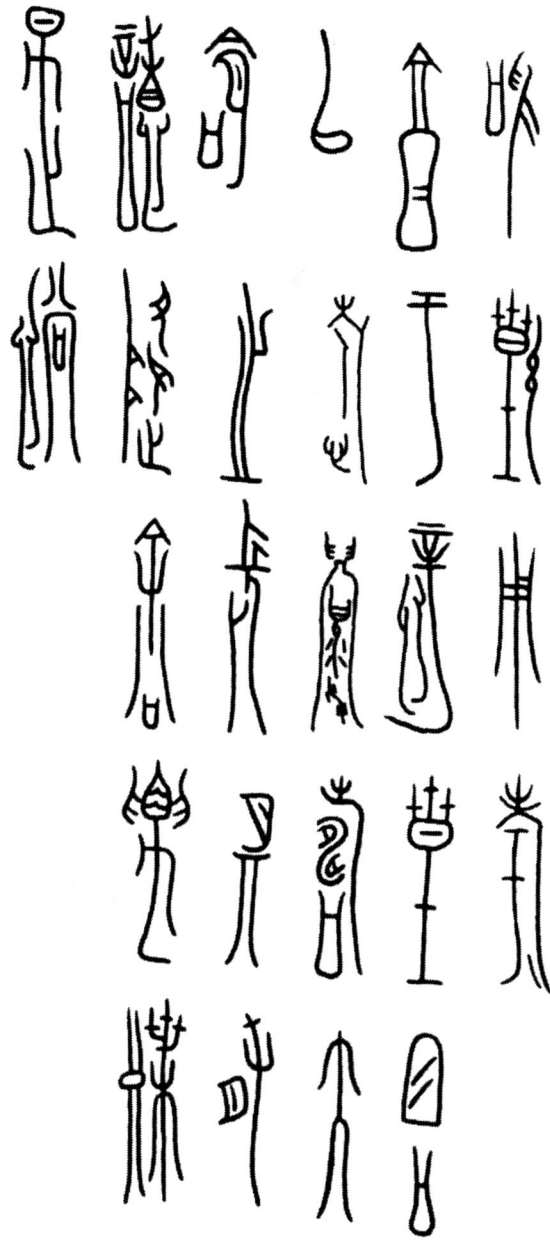

正面右鼓 2

1030. 曾侯與鐘 A2（曾侯䑠鐘）

【時　　代】春秋晚期。

【出土時地】2009 年湖北隨州市曾都區文峰塔曾國墓地（M1.2）。

【收 藏 者】隨州市博物館。

【尺　　度】殘高 87.2、舞修 46、舞廣 34.2、銑間 51 釐米。

【形制紋飾】形制與甲基本相同，殘破較甚，甬上部殘缺，正面鉦部殘破嚴重，僅存邊緣及下部，左右鼓部基本完整，背面鉦部部分殘缺，左右鼓缺失。

【著　　録】江漢考古 2014 年 4 期 24-25 頁拓片 9-13。

【銘文字數】正背面鉦間、左右鼓部鑄銘文，殘存 84 字。

【銘文釋文】［隹（唯）王正月］，吉［日甲午，曾］厌（侯）［䑠（與）曰：白（伯）］篖（括）上［齊，垡（左）砮（右）文］武，達壄（殷）之命，羈（撫）數（定）天下，王謂（逝）命南公，鎣（營）庀（宅）坙（汭）土，君北（庇）淮尸（夷），覸（臨）有江瀌（夏）。周室之既庳（卑），［敱（吾）用］變譪（戚）楚。吳恃有衆庶行躩（亂），西政（征）南伐，乃加於楚，魯（荊）邦既獻（爵－削），而天命酒（將）誤（虞）。有憩（嚴）曾厌（侯），鞼＝（業業）乎（厥）謹（聖），親博（薄）武攻（功），楚命是［爭（靖）］，遐（復）數（定）［楚王，曾］厌（侯）之竉（靈）。［穆穆曾］厌（侯），戚（壯）武愄（畏）諆（忌），共（恭）窎（寅）齋畀（盟），伐武之表，裹（懷）變四旁（方）。余矞（申）𨶚（固）楚成，整遐（復）曾疆。罪（擇）悴（辭）吉金，自酢（作）宗彝，穌鐘鳴跣（皇），用考（孝）［台（以）］亯（享）于辭（昭）皇昌（祖），吕（以）祈䐶（眉）耆（壽），大命之長，朋（期－其）肫（純）謐（德）降舍（余），萬殜（世）是悄（尚）。

【備　　注】從舞修、舞廣和銑間尺寸來看，此鐘當爲該套編鐘的第一件。

鐘

正面左鼓（原高 37.4 釐米）　　　　　　背面右鼓（原高 32.6 釐米）

背面鉦間（原高 34.3 釐米）　　　　　　背面左鼓（原高 36.6 釐米）

1031. 曾侯與鐘 A3（曾侯㵵鐘）

【時　　代】春秋晚期。

【出土時地】可能是湖北隨州市曾都區文峰塔曾國墓地出土。

【收 藏 者】北京收藏家梁氏。

【形制紋飾】鐘的背面左鼓部殘片。

【著　　錄】江漢考古 2014 年 4 期 71 頁圖 1、2。

【銘文字數】背面左鼓部殘存 33 字。

【銘文釋文】［曾］厌（侯），惑（壯）武愄（畏）誋（忌），共（恭）盇（寅）齋絫（盟），伐武
　　　　　之表，裒（懷）燮四旁（方）。余畾（申）闗（固）楚成，整返（復）曾疆。罪（擇）
　　　　　悙（辥）吉金，自酢（作）宗［彝］。

【備　　注】“共（恭）盇（寅）齋絫（盟）”的“共”字，曹錦炎先生摹本爲“弘”，凡國棟
　　　　　先生摹本爲“共”。　兩摹本中“伐”、“表”、“整”、“疆”等字亦有差別，可
　　　　　互相參考。

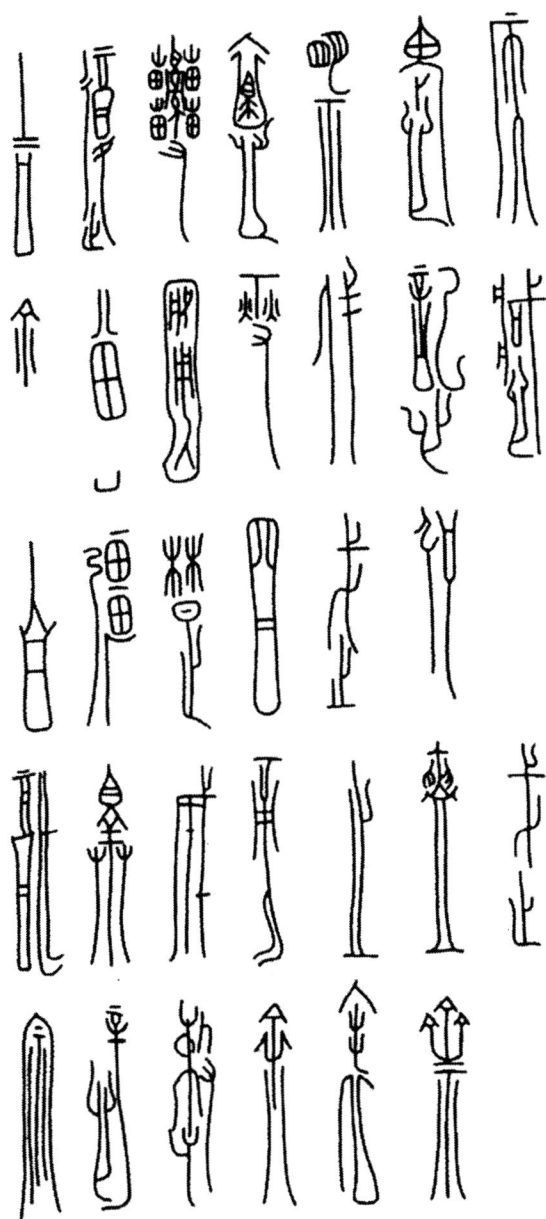

曹錦炎摹本

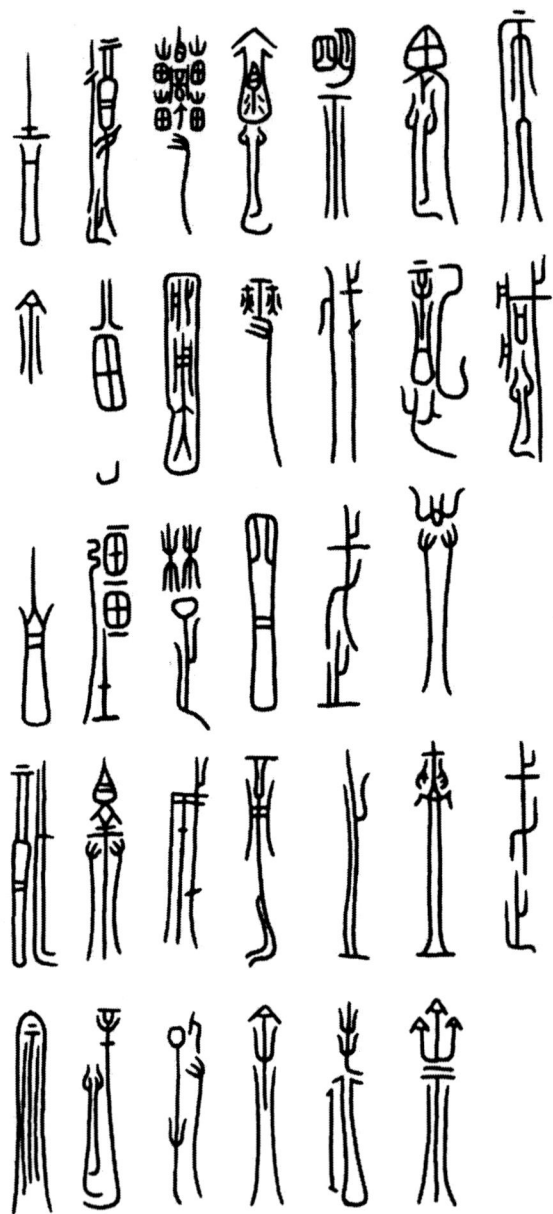

凡國棟摹本

1032. 曾侯與鐘 B1（曾侯臘鐘）

【時　　　代】春秋晚期。

【出土時地】2009 年湖北隨州市曾都區文峰塔曾國墓地（M1.3）。

【收　藏　者】隨州市博物館。

【尺　　　度】通高 48.3、甬長 19.1、衡徑 3.8、舞修 18、舞廣 13.6、銑間 20.6、鼓間 16.4 釐米。

【形制紋飾】扁圓體，形如合瓦，上窄下寬，八棱柱形甬，下粗上細，旋幹齊備，旋上有四個圓泡形突起，體的正背面各有 18 個枚，鉦間和篆間以絢紋凸棱相隔。甬、旋、幹均飾浮雕狀細密的蟠虺紋，衡飾渦紋，舞部和篆間飾浮雕蟠螭紋，鼓部飾大蟠螭紋。

【著　　　錄】江漢考古 2014 年 4 期 27 頁-30 頁拓片 14-17，摹本 7-10。

【銘文字數】兩面鉦間和正面左鼓、背面右鼓鑄銘文，現存 37 字。

【銘文釋文】隹（唯）王十月，[吉] 日庚午，曾医（侯）臘（與）曰：余稷之玄孫。穆（？）誩（？）戜（敦）敏（？），畏天之命，數（定）匀（徇）曾土，慕（恭）寅齋絫（盟），獻（吾）台（以）祈贎（眉）耆（壽），

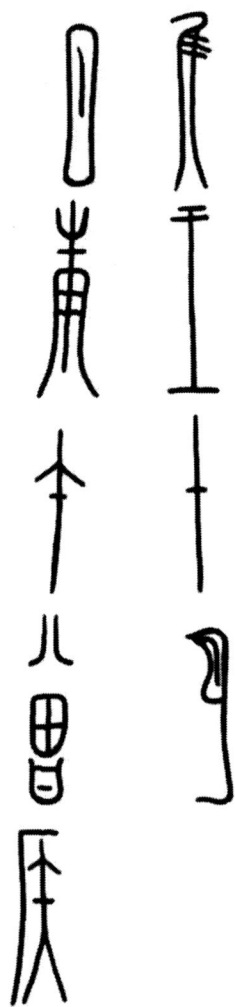

正面鉦間 1　　　　　　　　　　　　正面鉦間 2

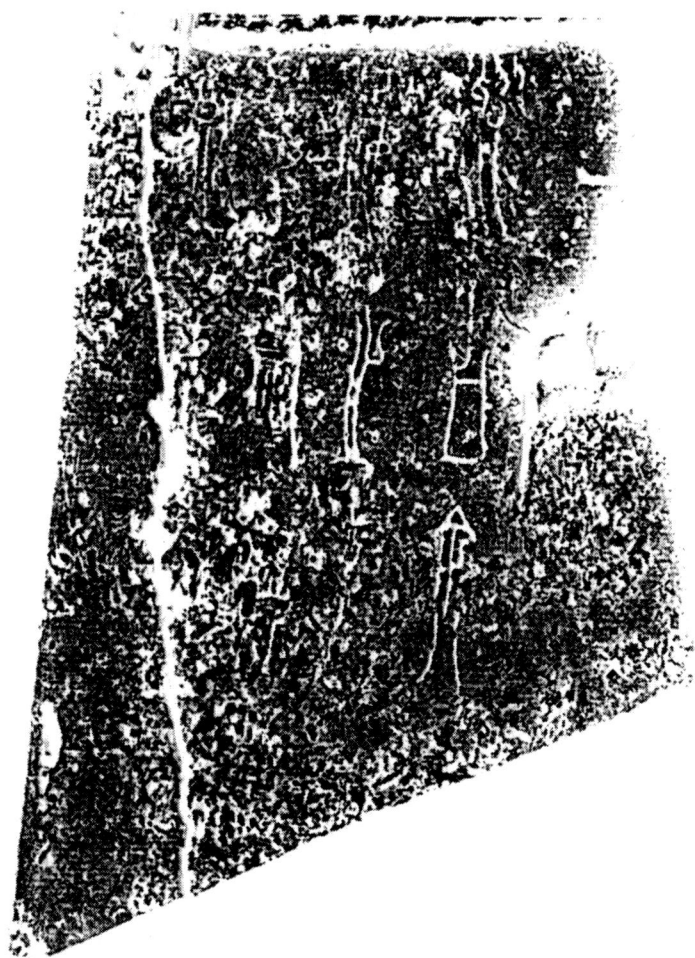

正面左鼓 1

正面左鼓 2

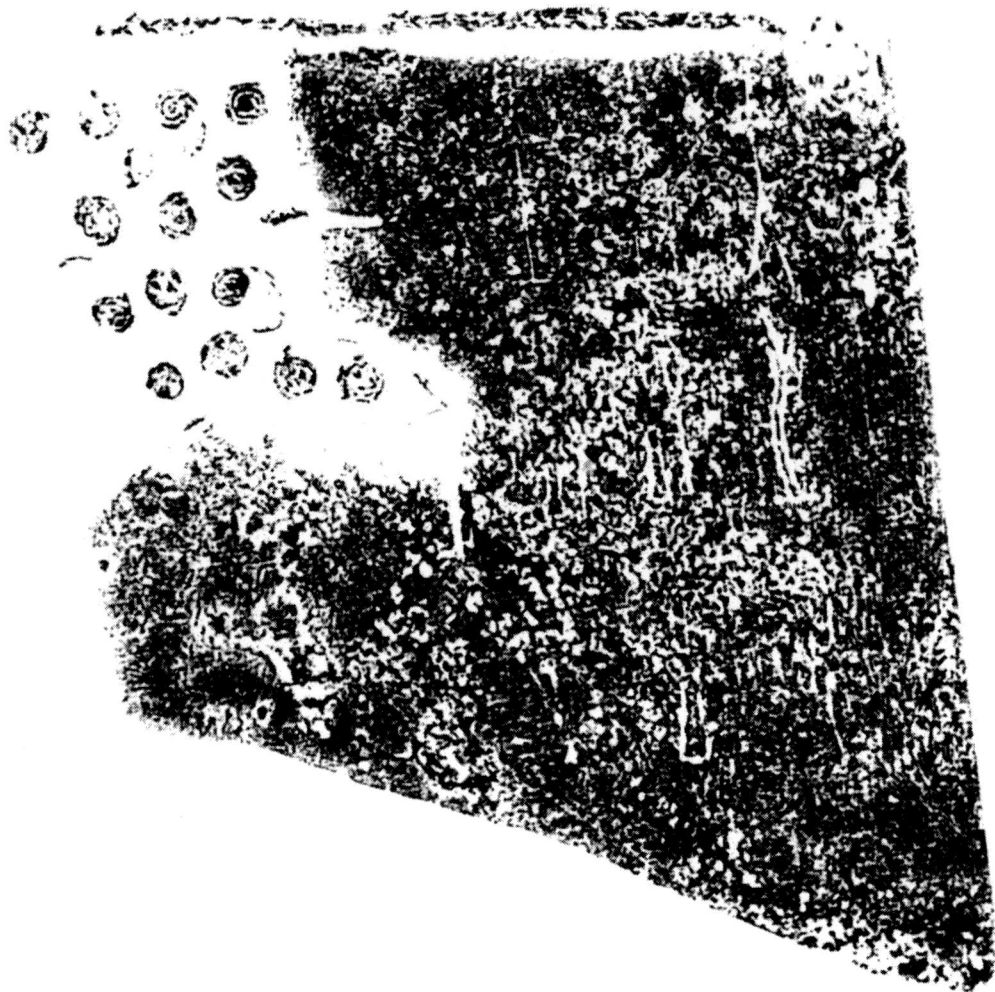

背面右鼓 1

背面右鼓 2

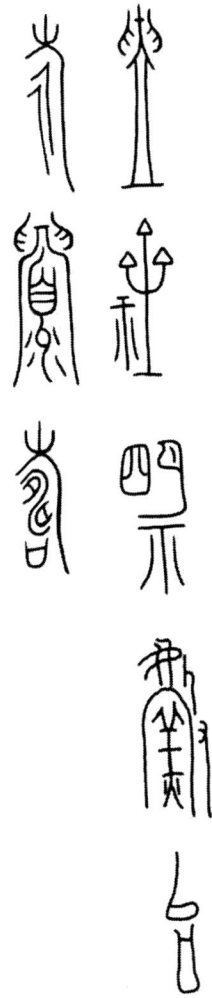

背面鉦間 1　　　　　　　　　　　背面鉦間 2

1033. 曾侯與鐘 B2 （曾侯臧鐘）

【時　　代】春秋晚期。

【出土時地】2009 年湖北隨州市曾都區文峰塔曾國墓地（M1.4）。

【收　藏　者】隨州市博物館。

【尺　　度】殘高 41.1、甬長 18.1、衡徑 3.8、舞修 17.5、舞廣 13.2 釐米。

【形制紋飾】扁圓體，殘破較甚，形如合瓦，上窄下寬，八棱柱形甬，下粗上細，旋幹齊
　　　　　　備，旋上有四個圓泡形突起，體的正背面各有 18 個枚，鉦間和篆間以絢
　　　　　　紋凸棱相隔。甬、旋、幹均飾浮雕狀細密的蟠虺紋，衡飾渦紋，舞部和篆
　　　　　　間飾浮雕蟠螭紋，鼓部飾大蟠螭紋，近口部有一個鑲嵌紅銅的圓渦紋。

【著　　錄】江漢考古 2014 年 4 期 31 頁拓片 18，圖版 41。

【銘文字數】僅存背面鉦間及左鼓 11 字（其中合文 1）。

【銘文釋文】及夫＝（大夫），匽（宴）樂爰鄉（饗），聿（進）士備御，

正面鉦間 1

正面左鼓 2

1034. 曾侯與鐘 B3（曾侯膹鐘）

【時　　代】春秋晚期。

【出土時地】2009 年湖北隨州市曾都區文峰塔曾國墓地（M1.5）。

【收　藏　者】隨州市博物館。

【尺　　度】通高 34、甬長 13.7、衡徑 2.3、舞修 13.2、舞廣 10、銑間 14.7、鼓間 11.2
釐米。

【形制紋飾】扁圓體，形如合瓦，上窄下寬，八棱柱形甬，下粗上細，旋幹齊備，旋上有
四個圓泡形突起，體的正背面各有 18 個枚，鉦間和篆間以綯紋凸棱相
隔。甬、旋、幹均飾浮雕狀細密的蟠虺紋，衡飾渦紋，舞部和篆間飾浮雕
蟠螭紋，鼓部飾大蟠螭紋，近口部有一個鑲嵌紅銅的圓渦紋。

【著　　録】江漢考古 2014 年 4 期 34 頁拓本 19、20，摹本 11、12。

【銘文字數】正背面鉦間和左右鼓鑄銘文，共 38 字（其中合文 1，重文 2）。

【銘文釋文】臨觀元沴（灌），嘉楮（鼓）芊（竽）英（鏞）。戯（吾）台（以）及夫＝（大夫），
匽（宴）樂爰鄉（饗），聿（進）士備御，稫＝（肅肅）倉＝（鎗鎗），余永用㽦
（畯）長，難考（老）黃枸（耇），珥（彌）冬（終）無疆。

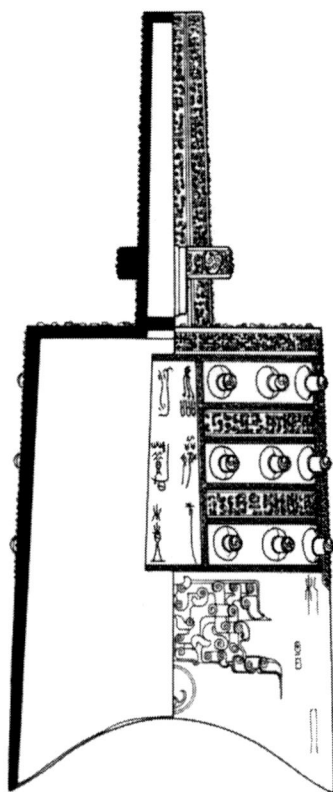

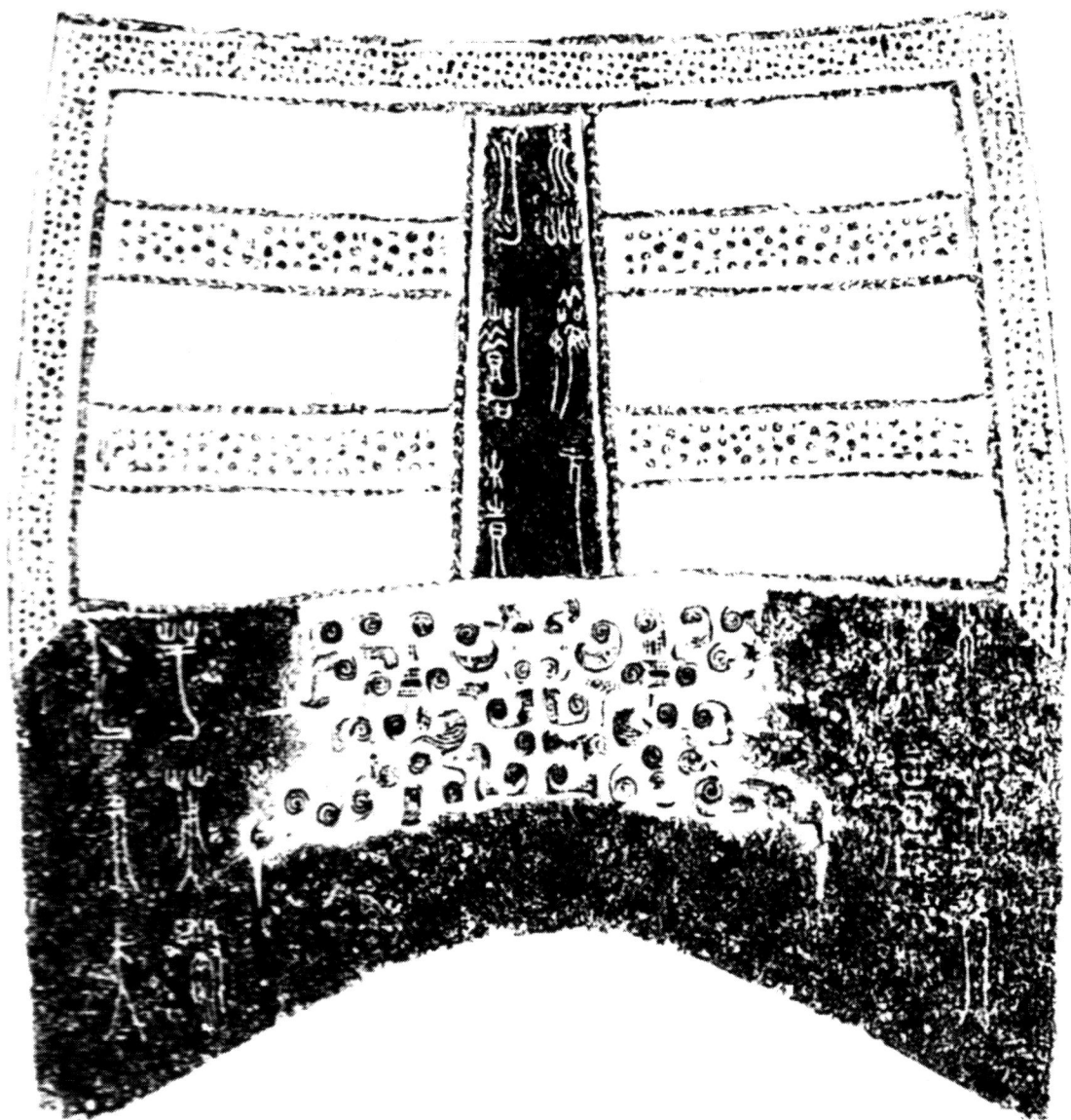

正面 1（原高 20.4 釐米）

正面 2

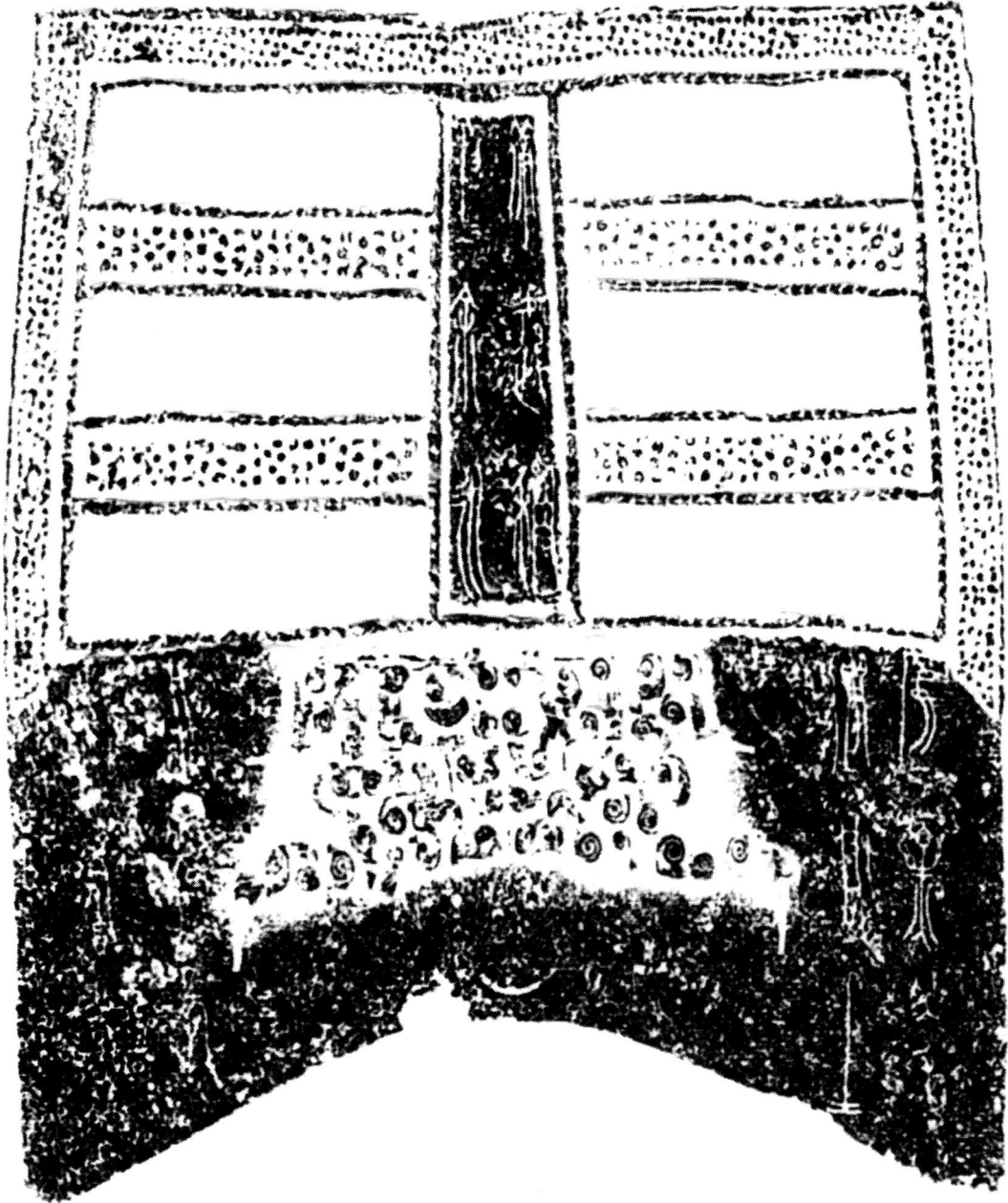

背面1（原高20.4釐米）

背面 2

1035. 曾侯與鐘 B4（曾侯朕鐘）

【時　　代】春秋晚期。

【出土時地】2009 年湖北隨州市曾都區文峰塔曾國墓地（M1.6）。

【收　藏　者】隨州市博物館。

【尺　　度】通高 23.7、甬長 9.6、衡徑 3.2、舞修 9.3、舞廣 6.6、銑間 10、鼓間 7.9
　　　　　　釐米。

【形制紋飾】扁圓體，形如合瓦，上窄下寬，八棱柱形甬，下粗上細，旋幹齊備，旋上有
　　　　　　四個圓泡形突起，體的正背面各有 18 個枚，鉦間和篆間以絢紋凸棱相
　　　　　　隔。甬、旋、幹均飾浮雕狀細密的蟠虺紋，衡飾渦紋，舞部和篆間飾浮雕
　　　　　　蟠螭紋，鼓部飾大蟠螭紋，近口部有一個鑲嵌紅銅的鳥雲紋。

【著　　錄】江漢考古 2014 年 4 期 37 頁拓片 21。

【銘文字數】正面鉦間和左右鼓鑄銘文 9 字（其中合文 1）。

【銘文釋文】嘉桓（樹）芌（竽）英（鏞）敔（吾）㠯（以）及夫=（大夫），

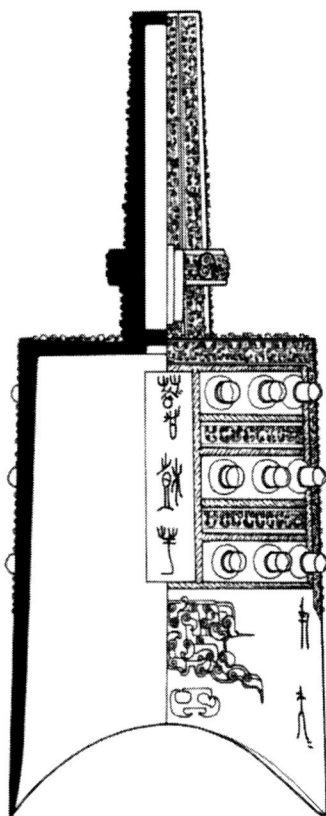

鐘

467

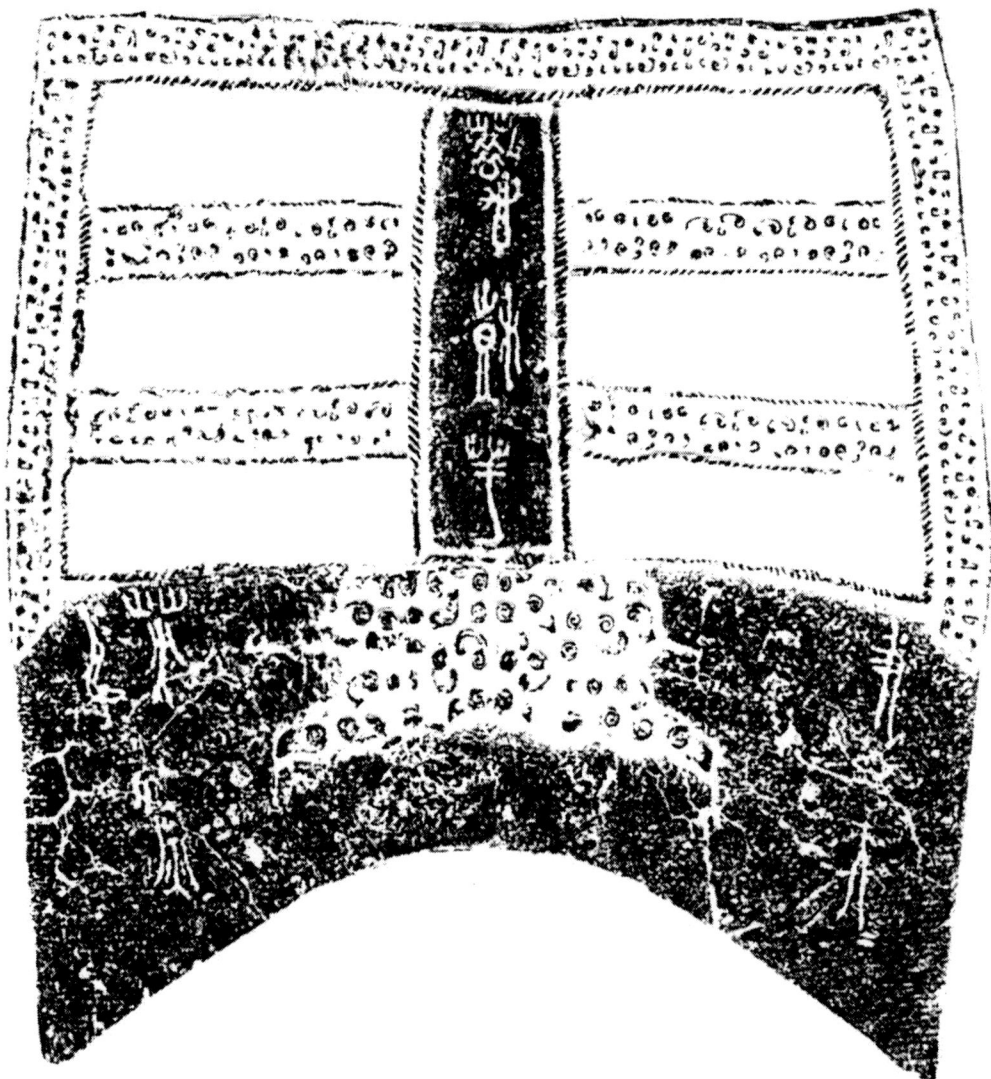

1036. 曾侯與鐘 B5（曾侯膌鐘）

【時　　代】春秋晚期。

【出土時地】2009 年湖北隨州市曾都區文峰塔曾國墓地（M1.7）。

【收 藏 者】隨州市博物館。

【尺　　度】通高 19.2、甬長 7.2、衡徑 1.5、舞修 7.1、舞廣 5.4、銑間 7.9、鼓間 6.1
　　　　　　釐米。

【形制紋飾】扁圓體，形如合瓦，上窄下寬，八棱柱形甬，下粗上細，旋幹齊備，旋上有
　　　　　　四個圓泡形突起，體的正背面各有 18 個枚，鉦間和篆間以絢紋凸棱相
　　　　　　隔。甬、旋、幹均飾浮雕狀細密的蟠虺紋，衡飾渦紋，舞部和篆間飾浮雕
　　　　　　蟠螭紋，鼓部飾大蟠螭紋，近口部有一個鑲嵌紅銅的鳥雲紋。

【著　　錄】江漢考古 2014 年 4 期 38 頁拓片 22。

【銘文字數】正面鉦間和左右鼓鑄銘文 8 字。

【銘文釋文】難老黃枸（耇），珥（彌）冬（終）無彊（疆）。

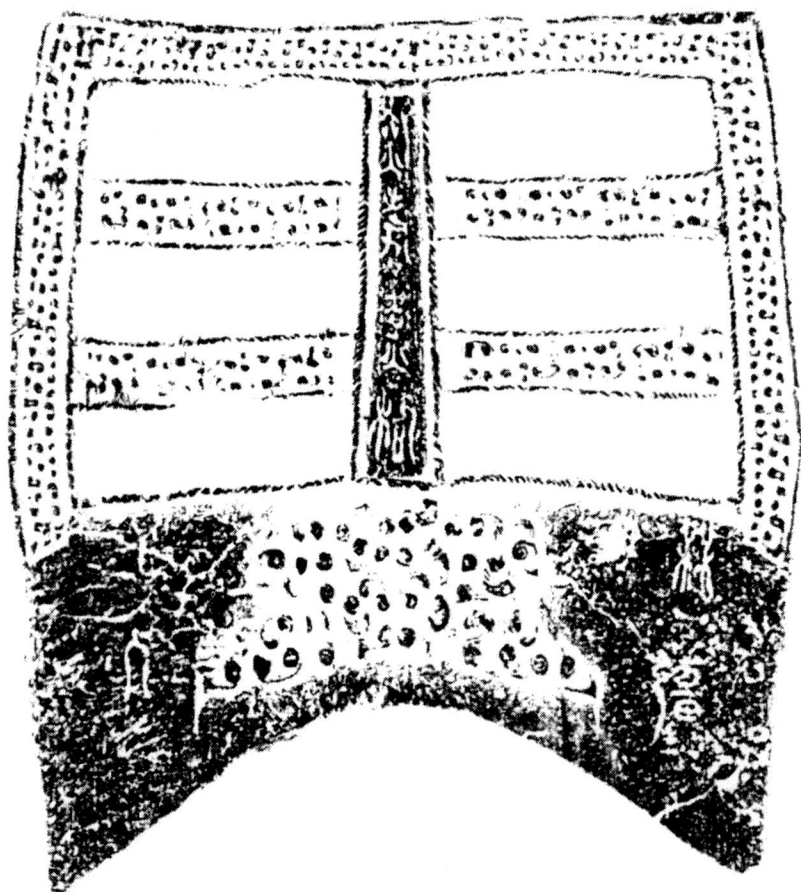

1037. 曾侯與鐘 B6（曾侯臊鐘）

【時　　代】春秋晚期。

【出土時地】2009 年湖北隨州市曾都區文峰塔曾國墓地（M1.8）。

【收　藏　者】隨州市博物館。

【尺　　度】通高 19.3、甬長 7.6、衡徑 1.6、舞修 7.4、舞廣 5.6、銑間 8.2、鼓間 5.4
　　　　　　釐米。

【形制紋飾】扁圓體，形如合瓦，上窄下寬，八棱柱形甬，下粗上細，旋幹齊備，旋上有
　　　　　　四個圓泡形突起，體的正背面各有 18 個枚，鉦間和篆間以絢紋凸棱相
　　　　　　隔。甬、旋、幹均飾浮雕狀細密的蟠虺紋，衡飾渦紋，舞部和篆間飾浮雕
　　　　　　蟠螭紋，鼓部飾大蟠螭紋，近口部有一個鑲嵌紅銅的圓渦紋。

【著　　錄】江漢考古 2014 年 4 期 40 頁拓片 23。

【銘文字數】正面鉦間及左右鼓鑄銘文 8 字。

【銘文釋文】難老黃枸（耇），珥（彌）冬（終）無疆。

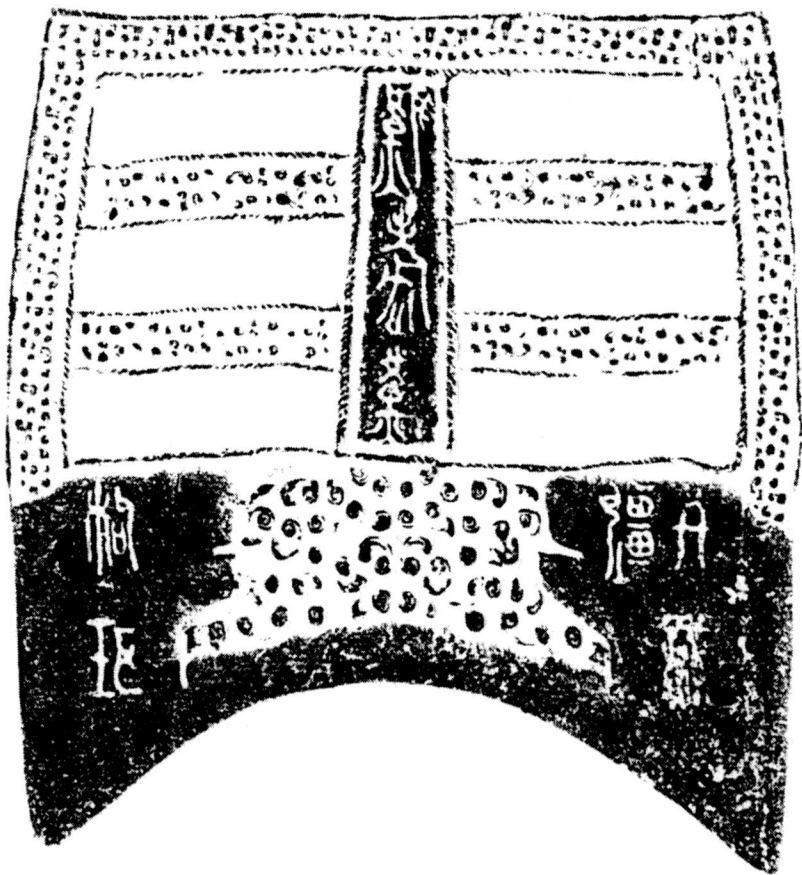

1038. 曾侯與鐘 C1

【時　　代】春秋晚期。

【出土時地】2009 年湖北隨州市曾都區文峰塔曾國
　　　　　　墓地（M1.9）。

【收 藏 者】隨州市博物館。

【形制紋飾】鐘體正面殘片。

【著　　錄】江漢考古 2014 年 4 期 41 頁拓片 24。

【銘文字數】正面鉦間及右鼓殘存銘文 7 字。

【銘文釋文】隹（唯）王□月吉日□□……萬……
　　　　　　有……保。

正面鉦間 1

正面右鼓 1

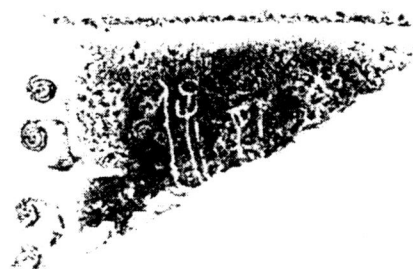

正面右鼓 2

正面鉦間 2

鐘

473

1039. 曾侯與鐘 C2

【時　　代】春秋晚期。

【出土時地】2009 年湖北隨州市曾都區文峰塔曾國墓地（M1.10）。

【收 藏 者】隨州市博物館。

【形制紋飾】鐘體殘片。

【著　　録】江漢考古 2014 年 4 期 41 頁拓片 26。

【銘文字數】殘存銘文 9 字。

【銘文釋文】……萬民其有□是□余自□穌鐘……

33．鎛

（1040–1045）

1040. 泻夫人镈

【時　　代】春秋晚期。

【出土時地】2009年5月山東棗莊市嶧城區徐樓村東周墓（M1.43）。

【收 藏 者】棗莊市博物館。

【尺　　度】通高26、口徑32.8、腹深12.4釐米。

【形制紋飾】殘破。體呈合瓦形，透雕蟠龍紋鈕，平舞，梯形鉦，篆間各有三排九個乳
釘狀枚，舞部飾渦紋，篆間飾S狀簡化龍紋，鼓部飾交龍紋。

【著　　錄】文物2014年1期21頁圖65。

【銘文字數】鉦間及邊篆鑄銘文，殘存9字。

【銘文釋文】……覭（眉）……用樂呂（以）喜，泻（濿－濫）夫人永……

【備　　注】此似爲镈背面銘文。圖像未公布。

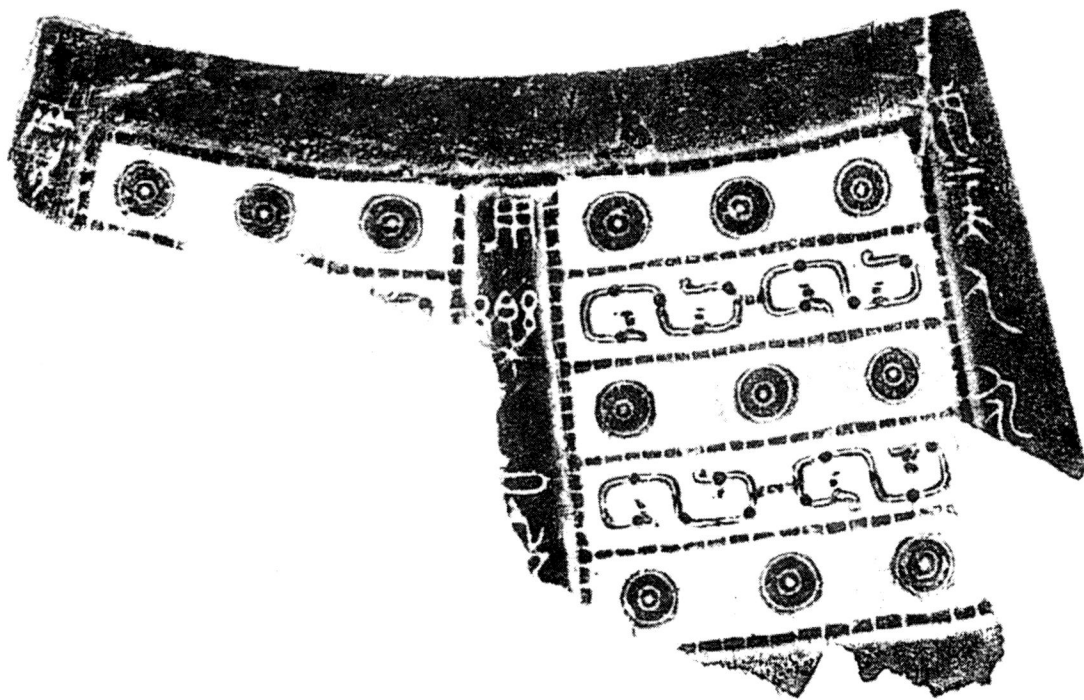

（原寬18釐米）

1041. 曾侯子鎛甲

【時　　代】春秋早期。

【收　藏　者】某收藏家。

【尺　　度】通高 29.5 釐米。

【形制紋飾】合瓦形,雙龍形鈕,龍張口向下接於舞部,尾相連,鉦間和篆間以凸棱作
　　　　　界格,每面有六組低乳形枚,于部曲度不大。篆間飾對角夔龍紋,鼓部飾
　　　　　相對的雙龍紋,舞部飾夔龍紋。

【著　　錄】未著錄。

【銘文字數】鉦間及左鼓鑄銘文 19 字。

【銘文釋文】隹(唯)王正月初吉丁亥,曾灰(侯)子霝(擇)其吉金,自乍(作)行鎛(鎛)。

【備　　注】一套共 4 件,形制、紋飾、銘文相同,大小相次。另一套曾侯子鎛見《銘圖》
　　　　　第 29 卷 15763-15766。

左鼓

鉦間

鎛

1042. 曾侯子鎛乙

【時　　代】春秋早期。

【收　藏　者】某收藏家。

【尺　　度】通高 28.1 釐米。

【形制紋飾】合瓦形,雙龍形鈕,龍張口向下接於舞部,尾相連,鉦間和篆間以凸棱作界格,每面有六組低乳形枚,于部曲度不大。篆間飾對角夔龍紋,鼓部飾相對的雙龍紋,舞部飾夔龍紋。

【著　　録】未著録。

【銘文字數】鉦間及左鼓鑄銘文 19 字。

【銘文釋文】隹(唯)王正月初吉丁亥,曾医(侯)子羃(擇)其吉金,自乍(作)行鎛(鎛)。

左鼓

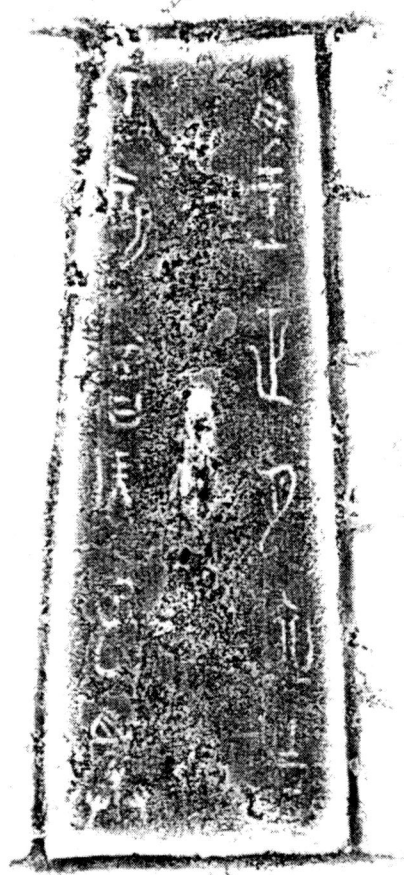

鉦間

鎛

1043. 曾侯子鎛丙

【時　　代】春秋早期。

【收　藏　者】某收藏家。

【尺　　度】通高 27.6 釐米。

【形制紋飾】合瓦形,雙龍形鈕,龍張口向下接於舞部,尾相連,鉦間和篆間以凸棱作界格,每面有六組低乳形枚,于部曲度不大。篆間飾對角夔龍紋,鼓部飾相對的雙龍紋,舞部飾夔龍紋。

【著　　録】未著録。

【銘文字數】鉦間及左鼓鑄銘文 19 字。

【銘文釋文】佳(唯)王正月初吉丁亥,曾厌(侯)子罻(擇)其吉金,自乍(作)行鎛(鎛)。

左鼓

鉦間

鎛

1044. 曾侯子鎛丁

【時　　代】春秋早期。

【收　藏　者】某收藏家。

【尺　　度】通高 25.8 釐米。

【形制紋飾】合瓦形,雙龍形鈕,龍張口向下接於舞部,尾相連,鉦間和篆間以凸棱作界格,每面有六組低乳形枚,于部曲度不大。篆間飾對角夔龍紋,鼓部飾相對的雙龍紋,舞部飾夔龍紋。

【著　　錄】未著錄。

【銘文字數】鉦間及左鼓鑄銘文 19 字。

【銘文釋文】佳(唯)王正月初吉丁亥,曾厌(侯)子羍(擇)其吉金,自乍(作)行鎛(鎛)。

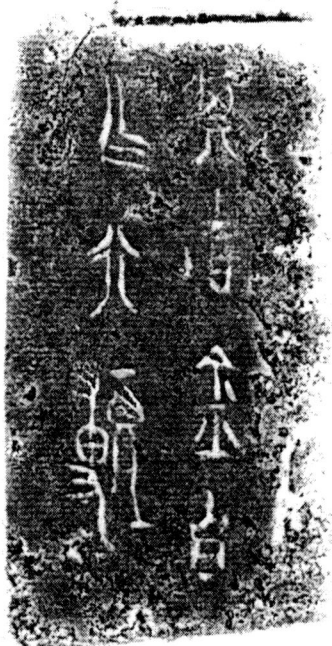

左鼓

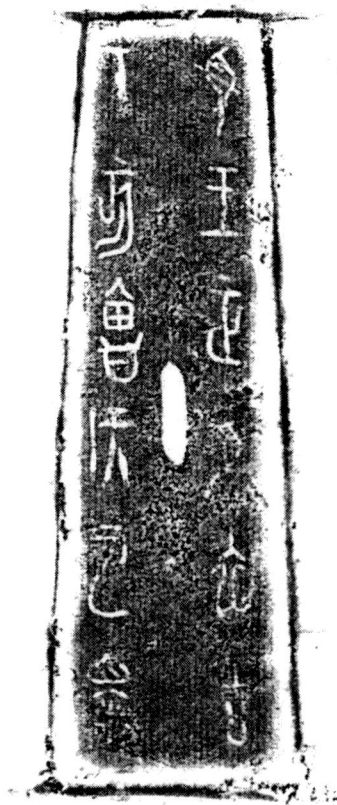

鉦間

1045. 楚太師鄧子辥慎鎛（楚大師孯子辬怨鎛）

【時　　代】春秋早期。

【出土時地】二十世紀九十年代購自美國紐約佳士得拍賣行。

【收　藏　者】以色列耶路撒冷國家博物館。

【尺　　度】一套共 11 件，通高 9.3-37.5 釐米。

【形制紋飾】體呈合瓦形，平口，舞中部有雙頭向下尾部相連的夔龍環鈕，鉦、篆間以凸棱爲界格，其間有六組枚，枚呈圓頂兩段式。篆間飾斜角夔龍紋，鼓部的主體紋飾是一對大型象鼻回首卷體龍紋，龍的上唇卷起，在兩龍頭頂上端又各伸出一條小龍。小龍軀體下卷從大龍的軀體下伸出。

【著　　錄】楚簡 53、54 頁。

【銘文字數】鉦間、左右鼓共鑄銘文 72 字（其中重文 4）。

【銘文釋文】隹（唯）王正月初吉庚午，楚大（太）師孯（鄧）子辬（辥）怨＝（慎，慎）裚（淑）囷（昷－溫）龏（恭），武㲃（于）戎工（功），用其吉金，自乍（作）鈴鐘。龢鳴叚（且）敏（皇），用安（宴）用喜，用樂庶（諸）医（侯），及我父䠱（兄），既囷（昷－溫）既記（忌），余保辥（辥）楚王，㑄＝（㑄㑄）叚屖（遲），萬年母（毋）攺（已），子＝（子子）孫＝（孫孫），永寶鼓之。

【備　　注】此銘文是這套編鎛的第八件，據説第七件也有相同銘文，因銘文照片不清，故未收錄。《銘圖》收錄有楚太師鄧辥慎編鐘一套（15617-15625），銘文與此鎛基本相同，唯“鄧子辥慎”作“鄧辥慎”。

第八件

鉦間

右鼓

左鼓

鎛

銘文摹本

34．鐃

（1046）

1046. 象祖辛鐃

【時　　代】商代晚期。

【收 藏 者】中國國家博物館。

【尺　　度】通高 69.5、腔高 49.8、銑間 56.5 釐米。

【形制紋飾】腔體呈合瓦形,口沿作淺弧形,舞中部有管狀甬,與腔體相通,甬上有旋。腔體兩面各飾一組浮雕獸面紋,獸目飾雲雷紋,鼓部各飾一對象紋,以雲雷紋襯底,象體亦飾雲雷紋。

【著　　録】銅藝術 8 頁 002。

【銘文字數】內壁鑄銘文 3 字。

【銘文釋文】象且(祖)辛。

35. 鐸

（1047-1048）

1047. 攻吳王光鐸(攻敔王光鐸)

【時　　代】春秋晚期(闔閭元年至十九年,前 514－前 496 年)。

【出土時地】浙江紹興地區。

【收 藏 者】紹興越國文化博物館。

【形制紋飾】形體似鐃,體呈橢圓體,腹部微鼓,口部略收,口沿微呈弧形,長方形柄,中空,體腔內未附舌。舞部和柄上均飾蟠螭紋。

【著　　錄】未著錄。

【銘文字數】正面和背面兩欒有錯金銘文 12 字。從正面右鼓起讀,再到左鼓,然後到背面左鼓,最後到背面右鼓結束。

【銘文釋文】攻敔(敔－吳) 王光初得其鼏(鑄) 金,自乍(作) 甬(用)。

(鐸口本應向上,照相時倒置)

1

2

1048. 登鐸

【時　　代】春秋早期。

【出土時地】2009 年 10 月湖北襄陽市高新開發區團山鎮余崗村沈崗西春秋墓
　　　　　　（M1022.29）。

【收　藏　者】襄陽市文物考古研究所。

【尺　　度】通高 12、柄長 4.1、銑間 6.8、鼓間 5.2 釐米。

【形制紋飾】合瓦體，弧形口，由口向下漸收，腔內有舌可左右擺動，下有長方形直柄，
　　　　　　柄中空，可裝木柄，中部有對穿圓孔。器身兩面飾三角雲紋及蟠螭紋。

【著　　録】文物 2013 年 6 期 15 頁圖 18。

【銘文字數】兩面的口部及兩欒鑄銘文，共 42 字（其中重文 2）。

【銘文釋文】佳（唯）正月初吉庚午，□子舁（登）罤（擇）其吉金，自乍（作）龢鑫（鐸），
　　　　　　吂（中、終）韓（翰）叔（且）陽（颺），元鳴孔鍠（皇），吕（以）悊（征）吕（以）行，
　　　　　　専（敷）䎹（聞）四方，子＝（子子）孫＝（孫孫），永保是尚（常）。

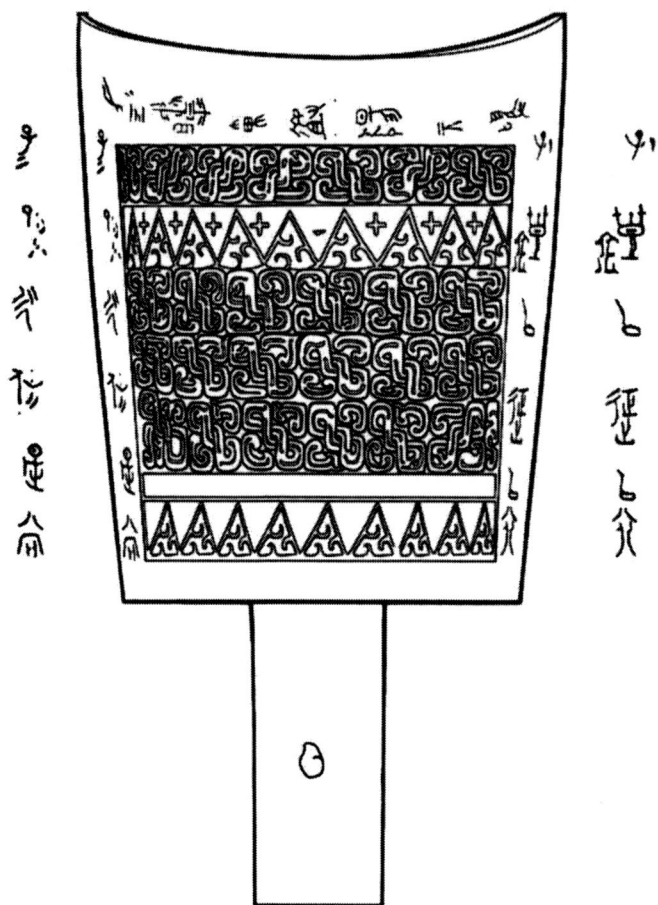

正面

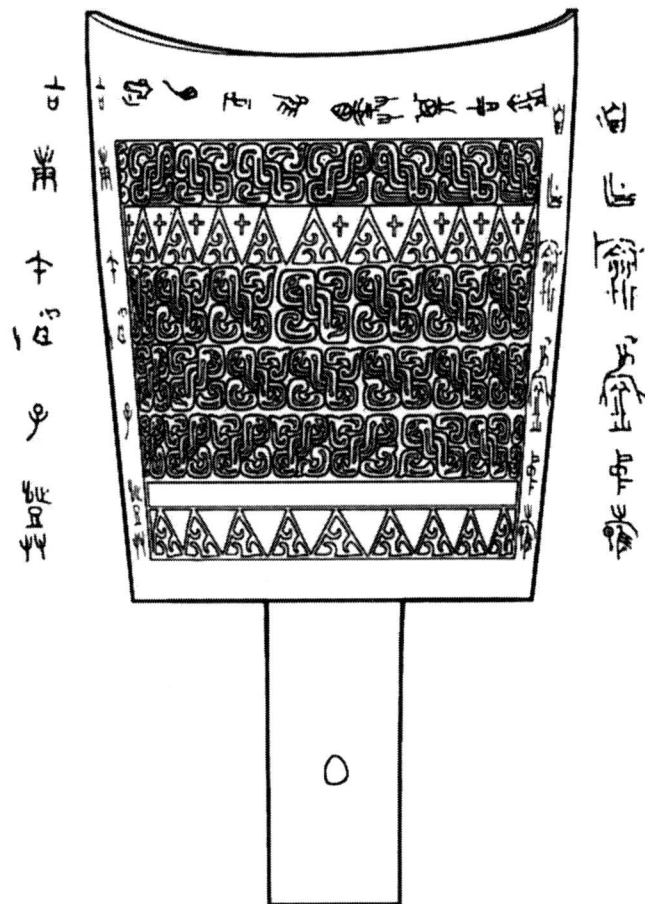

背面